商务印书馆（成都）有限责任公司出品

# Tony Judt
# The Memory Chalet

# 记忆
# 小屋

[英] 托尼·朱特 著

何静芝 译

**THE MEMORY CHALET**
by Tony Judt
Copyright © 2010, Tony Judt
Simplified Chinese edition copyright © 2013, 2018, 2024 Shanghai Sanhui Culture and Press Ltd.
Published by The Commercial Press
All rights reserved

# 目 录

驻足停留 ｜ 丹尼尔·朱特　　　　　　　i

序言　　　　　　　　　　　　　　001
记忆小屋　　　　　　　　　　　　003
夜　　　　　　　　　　　　　　　016

## 第一部分
艰苦年代　　　　　　　　　　　　025
食物　　　　　　　　　　　　　　033
汽车　　　　　　　　　　　　　　040
帕特尼　　　　　　　　　　　　　047
绿线巴士　　　　　　　　　　　　054
互仿的欲望　　　　　　　　　　　060
五港总督号　　　　　　　　　　　067

## 第二部分
乔　　　　　　　　　　　　　　　077
基布兹　　　　　　　　　　　　　085

| | |
|---|---|
| 铺床工 | 093 |
| 巴黎已成明日黄花 | 101 |
| 革命者 | 110 |
| 工作 | 118 |
| 精英 | 126 |
| 语言文字 | 137 |

## 第三部分

| | |
|---|---|
| 向西去，朱特 | 147 |
| 中年危机 | 156 |
| 被禁锢的头脑 | 163 |
| 女孩，女孩，女孩 | 172 |
| 纽约，纽约 | 180 |
| 边缘人 | 189 |
| 托尼 | 197 |

## 尾声

| | |
|---|---|
| 魔山 | 207 |

| | |
|---|---|
| 译后记 | 215 |

# 驻足停留

丹尼尔·朱特

我父亲在 2010 年 8 月去世前，开始了一本新书的写作。"是时候去写那些人们理解的事情之外的事情了，"他下定决心，"去写那些人们关心的事情同样重要，也许还更重要。"我父亲理解的事情是 20 世纪的欧洲历史。而他关心的事情是火车，几乎比对任何人和任何事都要关心。他新书的标题是《移动：铁路的历史》。

他把在伦敦帕特尼区度过的童年都花在漫无目的地乘火车游荡上，就只是为了乘火车而已。夏天，他乘坐古色古香的郊区电力火车，周游伦敦郊区和英国起伏的山丘，然后回到克拉珀姆枢纽站，在那里，一排排呼啸的柴油火车和宏伟的蒸汽火车慢悠悠地驶过 19 个不同的站台，他从中选出回家的路线。我小时候一直听他说起这些令人留恋的回忆，脑海中想象八岁的托尼如何端详着黑暗而雾蒙蒙的伦敦。[1]

只要有机会，父亲就会带我们乘着火车环游欧洲。我们在巴黎北站乘上蜿蜒前行的TGV高铁，或者在布鲁塞尔火车南站乘上蓝黄相间、四四方方的比利时区间车，或者在英国帕丁顿站乘上穿越隧道的欧洲之星。我们总是提前到，这样父亲就能在候车大厅啜饮一杯双份意式浓缩咖啡。

就像父亲曾经写过的，如果车站是他的"大教堂"，时刻表就是他的《圣经》。"我的欧洲是用火车时刻来衡量的。"他写道。我清楚地记得有一年圣诞节，母亲送给他一本库克的欧洲火车时刻表[2]，这本书里写满了关于来往火车的最新细节，即使是地方线路也有。这本书在他床头柜放了好几个月。父亲曾是位社会民主党人，在大多数方面他极力倡导平等主义，他对以下事实非常受用：火车从来不等待任何人。"铁路旅行，"他写道，"毫无疑问属于公共交通。"

父亲如此关心火车准时的影响，另一个原因是铁路旅行显然也

---

[1] 对父亲而言，他通过我再次重温了那些旅程。当我厌倦拼接我的Brio模型轨道时，他会接过来继续拼。我们家很多照片都是如此：我五十五岁的历史学家父亲扑通坐在客厅地板上，周围到处是模型轨道，而八岁的丹尼尔在角落里看着他。——原注
[2] 《托马斯·库克欧洲时刻表》或称《托马斯·库克大陆时刻表》，囊括了欧洲每个国家的火车时刻表，以及小部分欧洲以外地区的火车时刻表，最早出版于1873年。至今，订阅者每月仍可获得一份电子版时刻表。——译者［本书脚注如无特别说明，均为译者注。］

是历史的。"现代生活真正的不同之处,"他写道,"不在于无牵无挂的个人,也不在于不受约束的国家,而在于个人和国家之间的存在:社会。"铁路的出现标志着这一历史转折。乘火车成为社会集体前进的物理性体现——不仅跨越了地理,也跨越了时间。

这就是历史学家托尼·朱特对火车寓意的坚定理解,也许很大程度上他带着专业性偏见。不过,当我阅读他关于铁路的文字时,最打动我的一点是他的写作与和我朝夕相处的那个人——私下里的托尼,作为父亲的托尼——之间几乎毫无相似之处。对那个托尼来说,铁路显然是单一的、与历史无关的。他最关心的两列火车都不是关于"共同前往某地"的:一列在叫作米伦(Mürren)的瑞士小镇,另一列在比前者稍微大一些的、叫作拉特兰(Rutland)的佛蒙特州小镇。它们在开往永恒之境的路上,在那里,过去并不要紧,历史从不存在。

要去往米伦,你必须乘火车。劳特布伦嫩山上的冰川反射的阳光落在这个山谷小镇,现出一块块亮斑,从这里出发的缆车轻轻地晃动着,带你越过悬崖来到格鲁施阿尔普。一辆小巧的淡褐色单节客车从格鲁施阿尔普出发,沿着山坡缓缓前进,犹如一条电蛇,在把你送到米伦之前,这列车只在温特埃格停靠,这里有一家典型的瑞士咖啡馆,供应咖啡和冰淇淋,一路上你还可以看到少女峰和艾格尔山令人惊叹的风景。自 1891 年以来,这条火车路线就没变过。

在前往米伦的火车上,乘客几乎全是游客,而且都是英国游客。我父亲在1956年跟着他的父亲乔第一次到这里。乔出生在比利时,但那时他已经是一个地道的伦敦人,操着英国中低阶层的口音,把米伦之旅视作一次逃离:逃离他的妻子(他们最终还是离婚了),逃离伦敦,重回大陆。[1] 几年前我问乔关于米伦他还记得什么时,他告诉我有一种寂静。"那里太安静了,就像一片寂静的冰,这个小村庄被四周的山给淹没了。"确实如此,50年代和今天一样,在米伦除了聆听寂静,你无事可做,只有褐色电力火车日常呼啸而过的轰隆声才会打破这种寂静。那里没有汽车(没有路能通往山上),而且只有426名村民。米伦的旅馆——我算了一下只有7家——有将近1500个床位,但几乎从来不会客满,在夏天尤其如此,而我父亲就乐意在那时候去。

作为一个20世纪50年代的孩子,我父亲对为何瑞士似乎没有受到战争影响这件事印象深刻。那里的旅馆依然"到处是陈旧而坚固的木头",他写道。火车是井然有序的,技术上无懈可击,在欧洲其他地方基础设施被毁坏的情况下,那里是一个幸运的意

---

[1] 和我父亲不同,乔更喜欢汽车,而不是火车。他在一本汽车杂志上读到米伦的介绍,并坚持认为用雪铁龙汽车载着家人越过冰雪覆盖的阿尔卑斯山(或者至少开到劳特布伦嫩)是一件好玩的事情,而准点的瑞士火车会毁掉这种乐趣。——原注

外。父亲最喜欢引用哈里·莱姆（Harry Lime）在《第三人》(*The Third Man*)中的一段话，他在每次演讲中都会偷偷塞进这段话："在波吉亚家族统治意大利的30年中，他们导致了战争、恐怖、谋杀和流血事件，但他们也催生出米开朗琪罗、达·芬奇和文艺复兴。在瑞士，人们拥有手足情，500年的民主与和平，结果他们搞出了些什么？布谷鸟报时钟。"他觉得这是一种称赞。

但是，当我阅读他的著作时，我很难区分父亲小时候和成年后对米伦的看法。当他还是个孩子时，米伦也许能使他逃离日常学童生活中感到的疏离，也许它意味着一个远离伦敦的庇护所，又或者这里只是他父亲热爱的一处优美风景。但我认为，当他开始研究20世纪的欧洲历史后，米伦扮演了一个不同的角色。我父亲选择成为研究他自己的国家、自己的时代的历史学家。他孜孜不倦地进行这项工作：他的资源库就是他身边的世界，始终在那里，就在他眼皮底下。我猜想，父亲在米伦也许可以不像历史学家那样思考；没错，也许这里是一个象征童年怀旧思绪的基地，也是一个可以深度缓解学术压力的地方。如果无事发生，那里就没有可以研究的历史。

1916年到1918年间，大约有400名英国士兵和军官在米伦安家。他们是战时的受伤俘虏，根据英德遣送协议被扣押下来。瑞士的地理位置和中立性使其成为完美的地点：英国人、德国人、法国人和比利时人在这里交换俘虏，且无须冒着这些俘虏会重回战场的风险。这些士兵去往米伦的旅程和父亲在50年代的旅程一样，和我今天所做的旅行也一样：先坐缆车，再乘一列慢慢前进的褐色火车。

也许意识到他们可能会在瑞士停留许久，这些士兵把这个瑞士村庄变成了一个家乡的超现实模型——一个在阿尔卑斯山上的伦敦。1917年5月27日，他们重新命名了米伦的几条街道。你可以沿着"皮卡迪利巷"闲逛，走到"老肯特路"，然后再从那里一路漫步到"弓街"，你或许会在那里驻足，观看火车从"查令十字火车站"例行出发。（"这里的地形相当复杂。"一位军官承认。）这些被拘禁的英国人建起了商店和训练中心，有一位木匠、一位裁缝、一个牙医诊所、一个驾驶学校，甚至还有一个钟表商店。为了消遣，他们开设了基督教青年会（YMCA）礼堂，设立了一家拥有2000多册英文书籍的图书馆。他们在居住的旅馆外成立了运动队——比如说艾格尔山旅馆队和少女峰旅馆队比赛足球——而且仔细地记录比赛结果。

士兵们和远在英国的亲友联络（经常写信问他们要钱），但他们很少听到关于周遭发生的激烈战事的消息。有时，他们什么消息都不想听到。当地杂志《在米伦被拘禁的英国人》（*British Interned at Mürren*）的编辑们要求伦敦的通讯记者不要发来最新的战事信息，也许是为了避免带来希望或恐惧。"好几次我们听到重型武器发出的回声,提醒我们过去发生的事情,"杂志编辑在第一期杂志上写道,"最后一次,我们或多或少耐心地等待着乘缆车下山……回家的那一天。"

最终,基督教青年会的廉价烟草耗尽了,为了消磨时光,士兵们开始思考应该坐在汽车的哪个位置,缆车在运送他们飞速下山时会不会突然断裂。"小镇的一头看起来死气沉沉,一片荒芜,而另一头也没好多少,"1917年10月,一个无精打采的作者在杂志上若有所思地写道,"总的来说,我们孤独又悲惨。"

当战争结束了,士兵们在米伦创造的小世界也终止了。《在米伦被拘禁的英国人》杂志悄无声息地停刊了。村庄的道路又被重新命名。那里的旅馆不再代表着不同的运动队,重新开始接待富有的英国游客。仿佛是,仅存的一丝文明在某天毫无预兆地从地球表面消失了。有两年的时间,400名英国士兵焦急地盼望着坐上小小的电动火车,从"查令十字火车站"出发离开米伦,回到现实世界。

2002年,父亲第一次带我们兄弟俩来到米伦。我当时八岁,和他1956年第一次到这里的年纪一样。我们乘了四班火车:从苏黎世机场站到东因特拉肯站,乘的是完美无缺的现代市内火车;从因特拉肯站到劳特布伦嫩站,乘的是一辆稍慢但同样准时的区域火车,车上有淡蓝色的聚酯纤维座位;一辆通往格鲁施阿尔普站的齿轮索道缆车；最后乘坐一辆米色和淡褐色相间的电力火车来到米伦。"依旧无事可做，"之后他这样写我们的这次旅行，"堪称天堂。"

我确信当时父亲并不知道大约85年前被拘禁在此的士兵们会同意"无事可做"的论断，但反对"天堂"的说法。而且，要是他知道《在米伦被拘禁的英国人》，知道被重新命名的街道，知道旅馆球队，我觉得他会说历史证实了他的直觉。英国士兵和我父亲乘上同样的观光火车，同样怀有逃离历史的感受，但只有一方对此享受。

母亲、弟弟和我在每天晚上沿着倾斜的小路走到父亲那里。跑上山坡的比赛让我们气喘吁吁，山上纯净的空气让肺部冷却下来，我们都没有说话。父亲的轮廓渐渐清晰。他像一个接球手，身形健壮结实，粗脖子，面色红润，独自站在干冷的天气里，头上秃顶的地方反射着米伦街灯扩散到艾格尔山的光亮，艾格尔山黯淡的轮廓在蓝黑色的天空中画出一道难辨的影子。我望着父亲，父亲望着群山；一切静止不动。在那一秒，我才知道没有什么是不变的。

2004年，至少在比喻意义上，铁路把我们从纽约带到佛蒙特州的拉特兰郡。当时也有其他理由，"9·11"事件的震动让我们和许多其他纽约人试图寻找一个避难所，一个飞机不会撞上摩天大楼、世界依旧没有改变的地方。我们住的隔板房在一个山丘的顶端，离镇上有20分钟路程，屋里老旧的木头横梁总是嘎吱作响。在山脚下，一堵常绿植物组成的围墙遮住了铁路。父亲拿着双份意式浓缩咖啡，每天两次站在后门廊，远远地看货运火车穿过树林。"因为有火车站，我们特意选择拉特兰。"母亲说。对父亲来说，火车意味着拉特兰是美国的米伦。

拉特兰是美国铁路公司（Amtrak）的伊森·艾伦特快列车的终点站，这趟列车每天从纽约城出发。火车头是一个巨大的内燃机，蹲坐在车轮上，每天深夜抵达拉特兰，每天清晨出发。火车站里唯一运行的另一辆火车是一辆惊天动地的货运火车，在拉特兰和马萨诸塞州之间来回运输丙烷、大理石和其他任何货物。但是父亲从来没问过为什么这块不大的佛蒙特州飞地（与之形成对照的是像伯灵顿或曼彻斯特这样的大城市）能够拥有到纽约的美铁路线或者毗邻我们家的货运铁路。

和大多数美国人相比，拉特兰郡居民花了更多时间接受铁路。到1840年，美国已有超过3000英里的铁轨，但是佛蒙特州没有一条。由于担心赶不上经济繁荣的热潮，佛蒙特州的商人们促成了一份关于从拉特兰郡到康涅狄格河的铁路特许状，一个火车站赫然出现在小镇中央。邻近的西拉特兰的大理石产业以及代理人产业开始繁荣起来。在1849年向拉特兰—伯灵顿线的司库们发表的演讲中，激动的主席T.福莱特正式宣布："佛蒙特州将完全参与到那些大企业带来的愉快享受中,后者是当今时代的标志。"火车越多,拉特兰就能向前走得越快。

和火车一同到来的是移民。为了逃离家乡的饥荒,爱尔兰人从波士顿和纽约启程,参与铁路建设,最终在拉特兰安家。瑞典人听闻大理石采石场的工作后也来到这里。之后波兰人也来了。然后,在世纪之交,意大利人和希腊人来了;芬兰人、匈牙利人、捷克人也来了。拉特兰曾是新英格兰清教徒组成的小镇,1900年这里有天主教堂和希腊东正教堂,波兰语和意大利语学校。拉特兰铁路公司在1897年的一份小册子中自夸说拉特兰是"新英格兰北部最重要的市政当局之一",这是因为拉特兰是"本州的铁路中心"。

但这种情形没有持续下去。铁路的氪石[1]——汽车,最早在1920年就入侵拉特兰。1927年,一次由暴风雨引起的严重洪水对拉特兰的铁路桥梁造成了不可修复的破坏。1947年,又一场天灾弄折了这个蹒跚产业的另一条腿。1961年,一次工人罢工和工厂停工给铁路业带来最后的致命一击;拉特兰铁路公司破产了,拉特兰铁路站场彻底荒废了。"在我看来,某种厄运似乎突然降临

---

[1] 氪石(Kryptonite)是一种只存在于《超人》漫画中的虚构矿物,来自超人的故乡氪星。氪石对超人有不良影响,或削弱、剥夺超人的超能力,或改变超人的性情,或致其死亡。此处指汽车成为铁路的克星。

在拉特兰。"一位当地人抱怨道。在我的童年,拉特兰的人口暴跌,当地海洛因横行,社区变得同质化和衰老化,一个沃尔玛超市建在了曾经的铁路站场上。

母亲同意我的直觉,即父亲了解拉特兰历史的梗概,了解这个小镇上曾有火车运行,了解这里无声的永恒取决于曾经存在的铁路如今已经消失了。他知道拉特兰和米伦并不相同,美国被动地将火车田园化和欧洲对乘火车经历的重视并不相同。但他在这里和在米伦一样,把历史放在一旁。

2008年,父亲的肌萎缩侧索硬化症(ALS)到了晚期。到2010年,他被禁锢在轮椅上,下半身已经瘫痪。从刷牙、小便到夜晚入睡,每件事对他来说都成了严酷的考验。但最糟糕的部分是他的火车岁月结束了。"也许我现在这个病最让人颓丧的地方,"他写道,"便是让我意识到了自己也许再也不能乘火车这件事。"

他希望火葬。他和母亲考虑把骨灰撒在两个地方:拉特兰和米伦。但他们担心,我们也许会卖掉拉特兰的房子——毕竟佛蒙特只是瑞士的低配版。而且,父亲已经把他的偏好公之于众。"我们无法选择人生在何处启程,却可以选择于何处结尾,"他写道,"我知道我的选择:我要乘坐那辆小火车,无所谓终点,就这样一直坐下去。"

火车对父亲来说是一切的解毒剂,正如他认为火车对我们也意味着如此。"如果我们失去了铁路……我们就忘记了如何共同生活。"如果他失去了他的铁路,他就忘记了如何独自生活。"我能够在火车上孤独乘行,这本身就有些悖谬。"他曾这样推测。

父亲沉溺于虚构的米伦和虚构的拉特兰,如此他违反了自己最基本的准则,即我们有责任了解我们赖以生存的地方的历史。检视它们的过去,我们会发现米伦成了一处优美的监狱,拉特兰成了她前身的影子。如果这些小镇及其火车没有任何历史,那么它们才能是永恒的。(如今怀旧之情主宰了美国大选,这可能是一个简单但有用的提醒:拒绝承认某地的历史会招致对此地现状的错误观点。)

我父亲把拉特兰和米伦视作免疫于历史潮流的地点,除此之外,他没有再写到过这两地。这个决定不是纯粹而简单的否认,也不是一种道德矛盾。对父亲来说,历史是一项诊断的技艺——其中必须有一种值得探讨的紧张关系——而在现代欧洲的宏大图景中,米伦或拉特兰看起来似乎毫无问题。"那里甚至没有过不对劲。"他写道。

但是,我觉得父亲这一拒绝背后有更多的东西。他理解历史可以多强大。档案工作尤其如此,即我此时所实践的专业化历史,以及我父亲践行和相信的历史。口述史能以意象快照的形式出现,既没有清晰的历史发展感,也没有为迷思制造提供足够的空间。档案能够击碎怀旧之情和多数人的记忆。在显而易见的益处之下，还有一些遗憾地不可更改的东西。我们可以修改历史，历史学家也常常这么做。但是撤销历史，收回我们知道曾经存在的历史——这要难得多了。

我打算写这篇文章是因为，我想知道我父亲是如何发现了这两个小镇，它们远隔重洋，唯一的联系就是他的所爱——火车与它们的关系。为了回答这个问题，我本能地转向档案。这种本能来自父亲。他把他的拉特兰和米伦这两个原始的迷思，留给了我。但同时他把使它们祛魅的工具也留给了我：他对历史的热爱，他相信档案能帮助自己解释这个世界的信念。我同时继承了这些天赋，但是我忘了把它们分开保存。直到现在我才意识到，对我来说，通往米伦的电力火车将唤起闲散的英国士兵的记忆，他们远离社会，一头栽入无聊之中。而现在看来，拉特兰的货运火车似乎伴随痛苦的匮乏而来。当我键入这个句子时，这列火车就在我身后的树林中缓缓驶过。我无法除去这个。父亲和我知道的一样多，而且比我领先一步。火车并不会把我们带入或带出社会，历史才会如此。

2010 年 8 月，我们前往米伦撒下父亲的骨灰。在去那里的路上，我们意识到把一个人的骨灰盒留在这列电力火车里，这件事本身有点过于平庸了。把父亲的骨灰撒在铁轨上也不是好的选择，我弟弟令人信服地争辩说，父亲不希望追求不朽的程度，和他热爱火车的程度一样深。

　　因此，我们转而去远足。从米伦火车站——"查令十字火车站"——启程，我们走到镇外，走上一条覆盖着小花和带霜的草地的泥土小路。这条小路不断上升最后稳稳地通往山上，比铁轨高出几百英尺。我们抵达一处广阔的草原。草原下面就是陡峭的悬崖；在一大片常绿植物中，几处铁轨在寒冷的阳光中闪烁可见。我们把他的骨灰撒在这里。

　　但我不确定我们有没有弄对父亲的遗愿。毕竟，他是一个欧洲人，站在自家后门廊观看来往火车的拉特兰模式只是一种美式妥协。他对人没有这种耐心，比如他小时候在英国时遇到的那些"火车控"青少年，他们只是站在那里看着火车进站出站。火车作为历史的媒介，作为现代性最好的部分，作为公民社会或其反面——只有在一个人成为一名乘客时，这种象征主义才有效。你不得不驻足停留。父亲曾说："火车当然是要坐上去才行。"

（潘梦琦 译）

# 序言

　　这本小集中的文章并非为出版而作。我是为自己写的——也因受到蒂莫西·加顿艾什[1]的鼓励，为他要我将日渐隐入内心的记忆诉诸美好文字的敦促。我写时对自己究竟要写出一个什么来其实并无打算，成稿潦草，感谢蒂姆对其充满信心的支持。

　　这集小品文大致写到一半时，我将其中一两篇给我在怀利经纪公司的经纪人和《纽约书评》（*The New York Review of Books*）的罗伯特·西尔弗斯（Robert Silvers）过目，二人对文章表现出

---

[1] 蒂莫西·加顿艾什（Timothy Garton Ash，1955— ），牛津大学历史学教授，以对中东欧现当代史的研究蜚声学界，是西方世界很有影响力的知识分子，著有《波兰革命》（*The Polish Revolution*）、《档案：一部个人史》（*The File：A Personal History*）等。后文的"蒂姆"是蒂莫西的昵称。

的热情令我受到鼓舞，却也把一个笔德方面的问题提醒给了我。由于写作这些小品文并非为直接出版，写作时我便没有对它们做有益的编选——更确切地说，是审查。它们既然提到了我的父母、童年、前妻和现在的同事，我就由着它们去提。这样做自然有直接的好处，我也希望不至于冒犯了谁。

这些文章都是在与我长期共事的尤金·鲁辛（Eugene Rusyn）的帮助下完成的，成稿后未经任何变动与修饰。重读之时，我发觉自己写到所爱的人，便写得十分坦率，有时甚至近于苛刻，而对泛泛之交则保持了一种明智的沉默。当然这也是理所应当的做法。我由衷地希望，我的父母、妻子，尤其是我的孩子们，能在阅读这些愉快的记忆时，进一步找到我对他们永恒的爱的证明。

# 记忆小屋

"小屋"一词于我所引发的是一幅极为具体的图景。它令我想起位于瑞士法语区昂贵的维拉尔滑雪区山脚下,那少人问津的切西莱斯村庄里的一栋民宿。1957年或1958年,我家一定去那里度过寒假。想来滑雪——于我而言不过是坐坐雪橇——本身必然乏善可陈:我只记得父母和叔叔一起艰难走过覆冰的人行桥步上滑雪索道,在那里消磨掉整个白天。滑雪结束后又因为喜欢清静而整晚窝在小屋里,怎么也不肯前往游乐场所。

这对我来说却是寒假最惬意的部分:中午刚过,雪上了无新趣的消遣就中止了,而后投向厚重的扶手椅,投向暖酒和分量十足的乡村食物,并在散见陌生人的宽敞休憩室中度过悠长的傍晚。那些陌生人可都了不得!切西莱斯的这栋小民宿有个不寻常的地方:许多英国的末流演员显然都喜欢顶着高踞山上的名流演员们所投下的倨傲的光环旅居此地。

我们在此逗留的第二天傍晚,餐厅中响起的一阵卑猥不洁的言辞激得我母亲站了起来。母亲对污言秽语并不陌生——她在西印度码头区[1]附近长大,对此时有耳闻,但她在学徒期间就摆脱了自己出身阶层的下人气,学到了淑女美发师那种有礼有节的好风度,断然是不肯让自己的家人暴露在这样污秽的言语中的。

朱特夫人端庄地穿过餐厅,来到唐突了大家的那一桌前,要求他们住嘴:餐厅里还有孩子。考虑到我妹妹当时尚不足18个月,而我又是店内唯一的孩子,这要求多半是为照顾我而提出的。肇事的年轻演员们——而且就像我后来揣测的那样,都没有工作——立即道了歉,还邀我们一同用甜点。

这群人简直妙极了,尤其对一个被安排在当间、一切看得清(听得明)的十岁儿童来说。虽然他们中的某些人日后大获成功,但当时一切还未见分晓:艾伦·巴德尔(Alan Badel)还不是莎翁剧名角,尚未积累为他赢得声誉的那些受人尊崇的作品[如《豺狼的日子》(Day of the Jackal)];桀骜不驯的蕾切尔·罗伯茨(Rachel Roberts)则最为出众,那以后很快出演了多部英国优秀战后电影[《浪子春

---

[1] 西印度码头区(West India Docks),19世纪初到20世纪中叶时是伦敦的进出口码头。想必在当时,也是劳工颇多,污言秽语不少。

潮》(Saturday Night and Sunday Morning)、《如此运动生涯》(This Sporting Life)、《幸运儿》(O Lucky Man!)],成就了无产者绝望妻子的经典荧幕形象。罗伯茨负责关照我,在我耳边用充满威士忌酒气的低八度声音说了许多常人不堪出口的粗话,令我对她未来的发展空间不再存有什么幻想,而对我自己的未来却产生了一定疑惑。那个寒假,她教我如何打扑克,如何用纸牌玩各种小把戏,还教了我无数这辈子都别想忘光的脏话。

也许正是由于这次相遇,比起我经年住过的各种无疑与之无甚差别的木结构建筑来,切西莱斯高街[1]上的这家瑞士小旅店在我的记忆中占据着一个更深也更具情感的位置。虽然我们只在那儿逗留了十天左右,之后我也只短暂地回去过一次,但旅店亲切的气氛至今仍历历在目。

它绝少铺张之处:入内便是一个将一小块底层区域与主层分开的夹层——加盖这一层的目的,是将滴水的户外运动用品(雪板、雪靴、雪杖、外套、雪橇等)与公共休憩室干燥、温馨的环境隔绝开。休憩室分布在前台两侧,有着可以看到村内主街与其周围峭壁美景的大窗户。休憩室再往后去,有一架宽阔且异常陡峭的楼梯通往卧室层;再往后,被楼梯遮挡的地方,分布有厨房

---

[1] 高街(high street),在英式英语中,多指城镇中最主要的一条商业街道。

及其他一些工作重地。

卧室层精心且许是有意地分为左右两翼：左翼的房间装潢较好；右翼为单人卧室，房间小，没有厕所，一路延伸至一架拐角处的楼梯，楼梯通往（除旺季外）供员工使用的阁楼。我没有细查，但想来除了三间休憩室和其周边的公用区域外，此店供出租的客房至多不过十二间。这间为家道小康的家庭而开设的旅店，坐落在一个质朴无争、除海拔外再无过人之处的村子里。这样的旅店瑞士何止万间：我不过恰巧只对其中一间有着近乎完整的视觉记忆罢了。

其后五十年，除了将它看作一件令人愉快的、唤起美好记忆的事物外，我对切西莱斯的小屋似乎并未作过他想。然而，当我于2008年被查出患有肌萎缩侧索硬化症（ALS）并很快意识到自己大概再也无法四处游历——实际上，若能书写游记便已是万幸了——时，却正是这间切西莱斯的旅店在我脑中一再浮现。为什么呢？

我得的这种神经退行性疾病有一个突出特点，即它虽不影响人的神智对过去、现在与未来做清醒的审视，却会逐步截断人将其诉诸语言的所有途径。起先是丧失独立书写能力，须由他人或机器代为记录思想。接着便腿脚失灵，要想增添新的阅历，非劳心劳力不能成行，单只交通一项，解决起来就已过于复杂，以致交通本身变成了目的，能换来的好处倒无暇消受了。

接着是失声：这不仅是一种说明一个人必须由机械或他人从

中协助才能表达自我的隐喻，更是因为膈不能再泵出足够的空气，无法在声带上造成发出有意义的声音所需的不同压力，从而导致的真正意义上的失声。到了这一步，病人大多已四肢瘫痪，无论周遭有没有别人，都只能被迫处于一种静止不动的沉默中了。

对那些想要继续交流言语、思想的人，它便构成了一项不同寻常的挑战。铅笔用不上了，黄色便签簿也跟着一起失去了作用。无法再去公园散步醒脑或去健身房锻炼，同时任由思路浑然天成般累积于胸。从此再也无法与朋友们做任何有助益的交流——早在 ALS 中期，患者的措辞就已追不上他的思想，交谈本身断续、言不及义，令人灰心丧气。

我想我是在极偶然的情况下获得解决这一两难问题的答案的。我在患病几个月后发觉，自己半夜会在脑子里写故事。当然，我原想利用叙述的繁复来代替滞重的绵羊而达到相同的、放空自己的效果。然而在进行这项小小的练习时，我发觉自己竟将过去从不认为互有牵连的片断——像拼乐高玩具一样——重组到一起去了。这结果本身并非多大的成就：意识流自会带着我从蒸汽机想到德语课堂，又从伦敦绿线巴士[1]精心设置的巴士线路想到英国在两次世界大战之间城市规划的历史——轻易就能开辟出许多思

---

1　即《绿线巴士》一章中的绿线巴士，后文有详细描写。

路，引我前往各个有趣的方向。问题是，我如何能在第二天将这些已经被埋没了一半的思路记录下来。

至此，对欧洲中部温馨小村中美好时光的感怀，才开始具有更为现实的意义。一直以来，我对近代早期思想家和旅人用以储存和调用细节与描述的记忆载体都十分着迷：它们在弗朗西斯·耶茨（Frances Yates）所作的关于文艺复兴的文章，以及其后史景迁记录意大利旅人游中世纪中国的《利玛窦的记忆宫殿》（The Memory Palace of Matteo Ricci）中都有优美的展现。

这些有志于成为回忆者的人为安顿自己的学识所建造的不是区区旅店或民宅，而是宫殿。我却无意在自己脑中建造宫殿。现实中的宫殿总给我一种奢靡的印象：从沃尔西的汉普敦宫到路易十四的凡尔赛宫，穷奢极侈的目的与其说为了舒适，毋宁说为了炫耀。我无法在寂寥的夜晚一动不动地向往这样一座记忆宫殿，正如我不可能叫人去给我缝一套星条旗纹样的灯笼裤和背心一样。然而，既然不造记忆宫殿，何不造个记忆小屋？

小屋的好处，不仅在于我对它的重现可以真实入微——从门阶边覆雪的扶手，到为阻挡瓦莱的风而加设的内窗，而且在于我很愿意对它一而再地造访。而一座记忆宫殿若要起到仓库的作用，供人储存不断重组、分类的往事，则需尤其引人喜爱才好，而大凡宫殿，哪怕只对一个人做到这一点，也是不易的。一年来，每个月每个星期的每天晚上我都会重返小屋，穿过那些熟悉的短廊，踏过它们旧损的石阶,并在两三把恰好无人的扶手椅中的一把上坐定。就这样,我的愿望推动着我的思想,几无失误地编织、分类、整理出各种故事、论辩以及可用在某篇文章中的事例,留待翌日写出。

接下来呢?小屋又在此处,从一个唤起回忆的契机,变成了储存回忆的载体。一旦约略弄清了所要言说的事物和最佳脉络,我便离开扶手椅,走回屋子门前,将来路再走一遍。通常从储藏间——比方说是放滑雪用品的储藏间——开始,途经那些更有故事的空间:酒吧、餐厅、休憩室、钉在布谷鸟报时钟下的老式木钥匙架和凌乱排列在后楼梯上的各色书籍,并从那儿抵达卧室中的某一间。如此踏遍在记叙或说明中被安排了储存任务的各个场所。

这套系统还远谈不上完美。各条路线时有重叠,而我则必须尽量为每个新的故事创建一张相对独立的地图,以免将这个故事的某些特性与不久前的某个故事混淆起来。因此,虽然看起来我大可将与食物有关的内容归于一个房间,与诱惑或性爱有关的内容归于另一个房间,而与友人之间就知识文化所产生的交流归于第三个房间,这其实却并非保险的做法。与其信任我们惯常依赖的思维储存逻辑,倒不如遵循更微观的空间分布来得好,比如从某一面墙上的这个橱柜,摸索到那个抽屉。

然而人们常常表示,以空间为线索整理脑中事物并在几小时后将它们唤回,对他们来说存在各种困难,对此我很有些惊讶。

因为我自己——当然也是受制于这异乎寻常的身体的监禁——已经逐渐开始觉得这是所有储存记忆的方式里最为简易的一种了。尽管它有些过于机械化,致使我将事例、脉络与一些两相抵触的事实统统整饬得有条不紊,而这种误导性的重组,或许破坏了印象与往事原本所具有的混沌,从而丧失了其中的意味也未可知。

我猜想,这里面或许有作为男性的一点儿帮助。因为照惯常看法,男性长于泊车,善于记忆事物的空间排布,而女性在回忆人物和印象时则更胜一筹。从小我就有个本事,在一座只草草看过一次布局的城市里,能看着地图为一辆车指明路线。相反,我自那时起便缺乏野心勃勃的政治家所需的最基本素质,且至今仍没有长进,那便是:在一场聚会上漫步,从容忆起与会者各自的家庭情况和政治偏向,告别时还能亲热地直呼其名。记住这些一定也有某种特别的方法,只可惜我从未悟到。

得病以来,至写作本文时(2010 年 5 月),我已完成了一本关于政治的小书,一份公开讲义,二十余篇有关我生活回忆的小品文以及大量旨在全面研究 20 世纪而做的访谈。而这一切,基本上只仰赖了对记忆小屋的夜访及其后在顺序和细节上将夜访所得忠实再现的努力。夜访有时关注小事:始于一所房子、一辆巴士或一个人;有时放眼大千,涉及几十年来我对政治的观感、参与,以及我周游、教学与评述的方方面面。

当然,也有时,我只是整夜舒服地坐着,面对蕾切尔·罗伯茨或一片无人的虚空：各种人物与空间漫步而来，却只一无所成地离去。逢这样的夜晚我便不多逗留。我回到小屋入口老旧的木门前，穿过它——通过一种儿童般的天马行空将空间扭曲——来到伯尔尼高地的山坡上，多少有些笨重地在一条长凳上坐下来。在这里，我从愧于无力抵挡蕾切尔·罗伯茨之魅力的小听众，变成了海蒂寡言的祖父阿姆大叔[1]，这样一连数小时地躺着，由清醒进入一种尚存意识的昏沉，直至彻底苏醒，懊恼自己从前夜的努力中竟没能编造、储存、回想起一丁点儿东西来。

低产的夜晚几乎对身体也构成了一种挫折。当然，你可以安慰自己说：你应为自己尚能保持清醒而自豪，哪里写着你还需要多产？然而，我对自己如此情愿就屈从了命运仍然感到一定的愧疚。可究竟谁在我的境况中还有能力做得更好？答案是显然的，一个"更好的自我"，而我们是多么频繁地想要成为一个比当下的自己更好的自己啊——虽然明知眼前所做到的事已属不易。

我并不怨恨良知对我们的这种捉弄。但这么一来，夜晚便被畅置在阴暗的威胁之下了，对这种威胁不可掉以轻心。紧蹙双眉、对所有来者怒目而视的"阿姆大叔"，他可不是个快乐的人：只有

---

[1] 典出瑞士作家约翰娜·施皮里（Johanna Spyri, 1827—1901）写的儿童文学《海蒂》（*Heidi*）。故事中，海蒂的祖父与村民多年不合，独居在高山的牧场上，因此被人们唤作阿姆（Alm）大叔。"alm"在德语中指"山上的牧场"。

在能往橱柜、抽屉、架具和走廊里储存在回忆时所产生的拙作的夜晚，他的阴郁才偶尔能得到消解。

请大家注意，这个"阿姆大叔"，亦即我多年来郁郁寡欢的另一个自我，并不仅仅是在丧失了存在目的的小屋门前坐着。他还抽着一支吉坦尼斯牌香烟[1]，小心翼翼地端着一杯威士忌，还翻报纸，还迈着重重的步伐漫无目的地穿行于积雪的街道，感怀地吹口哨——总体上让自己显得像是个自由的人。有些夜晚，这便是他力所能及的一切。该说他是在提醒我往昔已逝的苦涩，还是在用一支记忆中虚幻的香烟给自己带来慰藉呢？

但在另一些夜晚，我却能无视他而径自走过：一切运转顺利。面容一一浮现，事事衔接妥帖，泛黄的老照片也都鲜活了起来，"一切联结"[2]，不出几分钟，故事有了，人物有了，说明有了，我的精气神也有了。"阿姆大叔"，以及他就我所丧失的世界所做的暴躁的提醒变得轻若无物：因为往昔围绕着我，因为我有了我需要的一切。

---

1 吉坦尼斯牌香烟（Gitanes），因为许多法国知识分子喜欢抽而著称于世。
2 这句引语由 E. M. 福斯特（Edward Morgan Forster，1879—1970）在小说《霍华德庄园》（*Howards End*）中所说的"唯有联结！"（"only connect！"）变形而来。作为人文主义者，福斯特主张"人与人之间要排除社会阶层、身份的限制而达到联结"。《霍华德庄园》是该作者的代表作之一，探讨了同一民族不同社会阶层之间的不可弥合性，指出唯有联结才是人类社会的出路。

然而，是怎样的往昔呢？我躺在昏暗的夜的包围中时脑中所生成的历史，和以往写过的任何历史都不相同。即便以我的职业对理性的极高标准来衡量，我也一直称得上是个"理性派"：在所有有关"历史学"的老生常谈里，最吸引我的一种说法是，历史学家不过是靠列举事实授业的哲学家。至今我仍觉得此话不虚，虽然现在我已经明显采用更迂回的方式了。

早期的我似乎将自己看作一个文学意义上的杰佩托，构造了许多匹诺曹一般的判断与依据，它们因自身逻辑结构的合理性而具有生命，并依靠各个部分所必需的诚实来讲述事实。然而我近来的写作却大大地增加了归纳法特性。它的好处在于，有助于从本质上产生一种印象派艺术的效果：方便我将私人的与公众的、理性的与直观的、具体发生的与笼统感受的诸事物顺利交织在一起。

我不知道这样的文章算什么风格，只能说，如此制作的小木偶虽然关节连接得更松散，但比起过去用演绎法潜心雕琢而成的木偶要活灵活现得多。其中偏议论的文章——比如《艰苦年代》——让我不禁想起早被遗忘了的卡尔·克劳斯（Karl Kraus）写到维也纳的小品文：引经据典、意有所指，要紧的内容却叙述得很轻松。然而另一些——具有更深情脉络的，比如《食物》和《帕特尼》——则相反。它们着意避免"寻根式"作家文字中常有的沉闷抽象，不以能揭示大格局而自诩，却或许更能达到这个目的也未可知。

读罢这些小品文，我仿佛撞见了另一种可能性中的我。几十年前，有人建议我学文学。那是一个睿智的校长，他说史学过于迎合我的天性，由我来做太缺乏挑战；文学——特别是诗歌——则会迫使我去发掘自己不熟悉的文字与风格，也许哪天我会为之所吸引。不能说我为自己没有采纳这条建议而后悔：我和我拘谨的思维习惯一直以来都合作得很好。但我的确觉察到了某种缺失。

我也意识到自己在儿时所观察到的比所能理解的要多得多。或许每个人儿时都如此，而我与他们唯一的不同，仅仅是有了这灾难性的病所提供的机会，令我能不断召回儿时的见闻。不过，或许也不尽然。因为有人问我："但你如何连绿线巴士上的气味都能记得？"或"你为什么能牢牢记住法国小旅馆的细节？"而这或许意味着，我早在经历之时就已经开始在脑中建造某种小小的、类似记忆小屋的东西了。

不过，即便我有什么过人之处，也不过是一厘一毫罢了。我只是在稚气的往昔里，可能比其他孩子更热衷于将自己过去的方方面面串联起来，却也没有上升到创造性地将这些过去储存到记忆里以备未来之需的地步。当然，我小时候喜欢独处、默思，但也没有严重到引人注目。因此，近几个月来我能源源不断地忆起往事，应该是出于别的什么原因。

我的本行给我带来的优势，在于我已经谙熟故事大纲，只需往里填充事例、细节和说明即可。作为一个在默默自省中回忆过往细节的、研究战后世界的历史学家,我的叙事优势在于擅长串联、修饰那些相互脱节的记忆。毫不讳言地说,我与许多同我拥有相似记忆的人——从近来的信函往来中可以看出——最大的不同之处在于,我对这些记忆能加以利用的途径要多得多。仅为这一点,我就觉得自己是个再幸运不过的人。

  一个原本健康无虞的人,却在六十岁时被退行性绝症击垮,妻子还年轻,孩子还幼小,他却因为这病行将就木,这时候说他幸运,未免太过恶毒。然而幸运有很多种。患上一种运动神经元疾病想必是因为一度冒犯了诸神,对此我没有什么要申辩的。不过倘若必须去忍受它,那便最好有一个内涵丰富的头脑:充满多用途、可回收的有价值的记忆,供喜好分析的思想随时取用。这下,唯一还缺乏的,就是一个用来储存的橱柜了。而这个橱柜,我在打捞过去岁月的过程中业已找到,对我来说,这不啻一种幸运。但愿我没有辜负它。

托尼·朱特

纽约

2010 年 5 月

# 夜

　　我忍受着的是一种运动神经元紊乱,具体来说,是肌萎缩侧索硬化症(ALS,也叫"路格瑞氏症")的一种。运动神经元紊乱并不罕见:帕金森病、多发性硬化症都是,还有其他各种程度较轻的病。ALS 是神经肌肉疾病中最为罕见的一种,它的独特之处,首先在于患者不会有感觉的丧失(这是件喜忧参半的事),其次是病症不会给患者带来痛感。与其他的大多数恶疾、绝症不同,患者在病情恶化的同时得以在几可忽略不计的不适中悠闲地静思。

　　事实上,ALS 构成的是一种越来越彻底的、无法被假释的监禁。起先,是一两根手指、脚趾失灵,接着殃及整肢,直至最后终不可避免的四肢瘫痪;躯干肌肉则近乎全线麻痹,不仅使消化成为问题,也对生命构成威胁,因为呼吸将逐渐变得困难,直至最终必须依赖管、泵组成的仪器提供的外部支持。最严重时，上运动神经元（控制身体其余部位的叫下运动神经元）失灵，吞咽、说话，甚至控制颌关节和头部的动作，都无法完成。我（还）没有这些症状，不然也就不能口述这篇文字了。

就目前而言，我的病其实已经到了四肢瘫痪的阶段。费九牛二虎之力，我才能稍稍移动一下右手，左臂也只能往胸口挪 6 英寸左右的距离。我的双腿虽然能在护士把我从一张椅子转移到另一张椅子的间隙保持挺立，但都已无法支承我的体重，且只有其中一条腿尚残留些许自主移动的能力。所以别人怎么安排我的手臂和腿，它们就怎么搁着，直到别人再来帮我移动它们。躯体也是如此，无力和褥疮导致的背部疼痛构成一种慢性煎熬。由于不能用手臂，我无法挠痒、扶眼镜、剔牙，或进行任何一项我们每天都要——不假思索地——做无数遍的事。即便是乐观地说，我也已经是个彻头彻尾依赖陌生人（以及其他任何人）的好意而活着的人了。

白天我尚能请人抓个痒、做些调整、送杯饮料或慷慨地帮我活动一下四肢——连续数小时被迫处于静止状态，对身心都是一种折磨。因为人并没有丧失伸展或弯腰、站或躺、奔跑，甚至锻炼的需求。而欲望袭来时，除了寻找小小的折中的慰藉，或设法压抑那念头以及随之被唤起的肌肉记忆之外，我什么——真的是任何事情——都做不了。

然而夜晚来了。我总是等护士非睡不可时才肯去睡。人们将我"收拾"停当，便用那把 18 个小时来我一直坐着的轮椅将我推进卧室。一番努力后（虽然我在高度、身量和体重方面都有所减缩，但即便是一个强壮的男性要搬动我，仍需花费不小的力气），又将我搬到榻上。我被调整到坐姿，上下身约成 110 度夹角，并由叠好的毛巾、枕头固定为这个姿势。为平衡我左腿向内倾倒的趋势，它被膝盖向外地放置，像是在做一个芭蕾舞动作。这个过程丝毫不容疏忽。倘若没搁好一条胳膊，或从头到上腹到腿没有小心翼翼地对成一条直线，余下的夜晚我便只得去忍受这种折磨了。

接着，人们为我盖好被子，且为了营造一种双手尚能活动的幻觉，将它们放在被子外。然而，因为如今它们总觉得冷——正像我身体的其他部分一样——就也被裹了起来。我身上从发际线到脚趾的十几处仍感到痒的地方被挠了最后一遍，鼻中的双水平呼吸机（Bi-Pap）插管为免夜间滑落，被收到紧得让人难受的程度；眼镜也被摘除……于是我躺着，身子被裹着，眼睛看不清，动也不能动，像个现代木乃伊，孤独地囚禁在肉体的牢房中，只有思想在余下的夜晚与我为伴。

当然，倘若实在需要，我还是有办法求助的。由于除了颈部和头部之外我全身的肌肉均不能活动，便用置于床头的一只终日开启的婴儿对讲机来实现通信，只需一声，就能将护工唤来。呼唤帮助的欲望在患病伊始几乎是难以压抑的：每块肌肉都需要活动，每寸皮肤都感到瘙痒，我的膀胱找到了一种神奇的、在夜间将自己注满的方法，于是也一再地需要被解放。总而言之，我当时绝望地需索光线、陪伴以及与人交流所带来的单纯慰藉。然而到了现在，我几乎已戒除求助的愿望，学会了在自己的思想中寻求抚慰与依靠。

这后一个能力——尽管是我的一己之见——的确得来不易。你可以问问自己，夜里是多么频繁地需要活动一下。不必非是变换地点那样的大动作（例如上厕所，当然这也可以算在内），只是动动手脚，睡着前挠挠身体的几个部位，以及下意识地将身体微调到最合适的姿势。然后想象一下，有一天你非但不能如此，反而被迫在全然的静止中连续仰卧——这怎么也算不上最舒适的睡姿，却是我目前唯一能忍受的一种——七小时，并想方设法将这种耶稣殉难式的苦痛变得可以忍受，且不仅忍受一晚，而是忍受余生的每一个夜晚。

一直以来我的对策都是：先一一检视自己的生活、思绪、幻想、真实的记忆、虚妄的记忆等等，直想到某件事、某个人或某个故事将我困在身体里的思维引开为止。这种脑力锻炼必须足够有趣才能集中我的注意力，使我不受耳内或后腰某处瘙痒的侵扰；却又不能过分有趣或出人意表，以便能作为睡眠的前奏，助我进入梦乡。一段时间以后，我发觉蛮可以把这种做法当作缓解失眠和身体不适的良方，虽然并不总是万无一失。一夜又一夜、一周又一周、一月又一月，那曾经如此难挨的夜的煎熬，我后来竟能坦然面对了，如今想来仍不免惊讶。我醒来时，身体的姿势、思想的框架以及高悬着的绝望的状态都能与睡前保持完全的一致——就我的情况而言，做到这一点着实是个不小的成就。

虽然我已能游刃有余地挨过任何一个夜晚，但这种如蟑螂一般的存在形式却是越来越难以忍受。"蟑螂"当然是引申自卡夫卡的《变形记》，书里的主人公一觉醒来发觉自己变成了一只甲虫。故事不仅旨在表现他作为一只甲虫的感受，也重点表现了他家人的反应和不解，令人不得不承认，即便是最善良、最体贴的朋友或家人，也无法明白这种疾病加诸病人的孤独与囚禁。即便在一场转瞬即逝的危机中，无助也是令人羞耻的——想一想摔倒或向陌生人请求肢体协助时的感觉吧。然后再想象一下，当一个人意识到ALS引起的无助与耻感将是一种无期徒刑时，心里会做何反应（我们常随随便便就把它比作死刑，其实比起ALS来，毋宁说死刑是一种解脱）。

早晨带来片刻喘息的机会，然而，仅仅是即将被挪到轮椅中坐一整天这样的事，就能让人精神百倍，由此便知长夜是何等寂寞！

有事可做无疑有助健康，对我来说，这事情却只是脑内和口头的一些事——得到一个字面意义上的与外界交流的机会，将想法诉诸话语，且常常是愤恨的话语，是克制后为身体虚弱而懊恼和沮丧的倾诉，即便这样也是好的。

从夜晚死里逃生的最佳方法，便是把夜晚也当作白天对待。倘若我能找到一些百无聊赖的人，愿意与我就一个妙趣横生、使我们双方都不感到困倦的话题彻夜长谈，我愿意将他们找出来。然而患上我这样的病的人，也会意识到他人有他人必要的常态：他们需要运动、娱乐和睡眠。于是，我的夜晚便只好在表面上模仿他们的夜晚：准备就寝，就寝，起床（或者不如说是被起床）。然而其间的差异一如疾病本身，是难以言表的。

我想，我起码应该为自己能够独立寻得这种正常人只有在关于自然灾害和幽禁牢房的故事里才能读到的求生技能而稍稍感到满足。而且这种病也的确有其锻炼人的一面：凭着将史景迁在《利玛窦的记忆宫殿》中生动描绘的技巧引为己用，加之既无法记录又无法整理笔记，我本已强大的记忆力又有了很大的提高。然而补偿带来的满足出了名地稍纵即逝。世上没有从冰冷、无情的铁甲中获得救赎的恩惠。敏于思考带来的快乐——在我现在看来——实在是被那些不完全依赖于此的人过分夸大了。那些出于善意，鼓励我为生理缺憾寻找精神代偿的说法也一样。这种方法无济于事。失去了就是失去了，即便用再好的话粉饰它也于事无补。我的夜晚非常有趣，但没有它们，我照样能过得很好。

第一部分

# 艰苦年代

我太太总是郑重叮嘱中餐馆用纸盒送餐。我的孩子对气候恶化情况十分了解。我们是个环保型家庭：用他们的话来说，我必定出生于亚当与夏娃偷食禁果之前，是生态纯洁时期的遗老。不然谁会在家里走来走去熄灯、检查水龙头是否关紧？谁在这个常换常新的年代还钟情于缝缝补补地凑合？谁还回收剩饭，小心翼翼地保存包装用纸？我的儿子们用胳膊肘杵杵他们的朋友，说父亲是在贫穷中长大的。完全不是，我纠正道："我是在艰苦中长大的。"

战后什么都缺。丘吉尔拿英国做"抵押"，为打希特勒倾空了整个国库。衣物配给制度施行到1949年，廉价、简陋的"经济型家具"的配给到1952年，食品配给到1954年。只有在1953年6

月伊丽莎白二世加冕时才暂缓了一小段时间：每人可多领1磅糖和4盎司人造黄油。而如此便能构成额外恩惠，反而更突出当时日常的食品配给有多么凄凉。

那个时候，对一个孩子来说，配给制度是自然规律的一部分。制度取消很久后，我母亲还骗我说，"糖果"的供应仍受到限制。我分辩说学校里的朋友们仿佛都有吃不完的糖时，她还不以为然地解释说，这一定是他们父母从黑市买的。由于战争的后遗症还随处可见，她的这个故事就更加可信了。伦敦城里密密麻麻布满了弹坑：曾是房屋、街道、铁路站场和仓库的地方，如今都成了"闲人免入"的废墟，正中还有炸弹炸出的深坑。截至20世纪50年代初，未引爆的炸弹基本都被清除了，弹坑虽仍属禁区，却已没有了危险。这些现成的玩乐场所对小男孩们是难以抵御的诱惑。

施行配给和补贴制度，意味着每个人的基本生活所需都能得到保证。托战后工党政府的福，儿童得到一系列健康食品：免费牛奶、免费浓缩橙汁和鱼肝油——必须凭身份证明到药店领取。装橙汁的器皿是像药瓶一样的长方体瓶子，导致我一直以来都无法戒除橙汁与药水之间的联想。直至今日，一大杯饮料仍能在我心中引起一种升华自配给制度的内疚感，会觉得最好不要一下子喝完。至于由仁慈的当局强制推给主妇和母亲们的鱼肝油，简直不提也罢。

我的父母幸运地在他们工作的美发店楼上租到了一套公寓，

然而我的很多朋友都只能住在劣等房或临时房里。1945年至20世纪60年代中期，每一届英国政府所着力发展的，都是大型公共住房计划，因为处处供不应求。20世纪50年代初，数以千计的伦敦人仍然住在"预制房"里：就像城市里无家可归的人所蜗居的移动房屋，看起来不耐久，其实能支撑许多年。

战后新建住房的方针可以概括为极简主义：三居室的公寓最小的使用面积只有900平方英尺，相当于曼哈顿现在的一套宽敞的一居室公寓。回想起来，这些住房不仅逼仄，且阴冷、简陋。而在当时，等房的名单却很长：房源全部掌握在地方当局手中，十分紧俏。

首都上空的空气很像北京天气不好的时候；大家都烧煤——它便宜、量多且国内自产。尘雾常年是大害：我记得自己曾将头探出车窗外，在黄雾的笼罩下帮助父亲监视车与路肩之间的距离——眼睛最多只能看到一臂开外的事物，空气闻起来也很糟糕。然而，大家"都挺过来了"，还不带丝毫自嘲意味地将此与敦刻尔克大撤退和伦敦大轰炸相提并论，以示我们民族的不屈精神和伦敦人的"抗击打"能力——一开始是希特勒，现在又是这糟糕的空气。

我小时候对第一次世界大战就像对刚刚结束的那场战争一样熟悉。那时，到处是退伍军人、纪念仪式和祷告会；但是举国没有一丝当代好战的美国人那样大张旗鼓的爱国主义。战争,同财政紧缩一样,也是严峻的:我的两个叔父随蒙哥马利将军的第八集团军从非洲打到意大利,历数战争期间的匮乏、过失和实力不足时,没有一丝怀念或认为英军无往不胜的狂妄情绪。音乐厅里高傲的帝国歌曲——

我们无意与之交战,然而如果必须交战
我们有战舰,我们有军人
我们还有钱!

——被战时广播中薇拉·林恩(Vera Lynn)忧伤的"后会有期,不知何处,不知何时"所代替。虽然战争取得了胜利,一切却都回不到过去了。

旧事一再被重提,无形中在我们与父辈之间架起了一座桥梁。战后的我们仿佛仍然生活在20世纪30年代:一切都仍如乔治·奥威尔的《通往威根码头之路》(*Road to Wigan Pier*)、J. B. 普里斯特利(J. B. Priestley)的《天使人行路》(*Angel Pavement*)和阿诺德·本涅特(Arnold Bennett)的《五镇的狞笑》(*The Grim Smile of the Five Towns*)中写的一样。无论在哪里,人们都还饱含深情地提到帝国荣耀——我出生后的几个月,英国把印度给"弄丢"了。无论是饼干罐头、铅笔筒,还是教科书、新闻片[1],都在提醒我们曾经的身份和成就。在这里,"我们"被赋予了更深的含义:1951年,汉弗莱·詹宁斯[2]为庆贺英国节[3]拍了一部纪录片,就取名"全家福"。言外之意:家族虽然蒙难,但我们休戚与共。

正是这种"休戚与共"使人们挨过了英国战后标志性的短缺和灰暗。自然,我们并非真是一家人:不然,担当一家之长的人就仍像奥威尔提到的那样,是些有问题的家庭成员。战后的富人们仍然谨慎地保持着低调。惹人注目的花销在那些年里绝少出现。人人看来都一样:穿一样的料子,精纺羊毛、法兰绒、灯芯绒;一样朴素的颜色,褐色、米色、灰色;且都过着几无二致的生活。由于家长们在穿着上都步调一致,我们学生也就更愿意穿校服了。1947年4月,终日郁郁寡欢的西里尔·康诺利[4]写道:"单调的服装,我们的配给证和谋杀案……伦敦已经成为世界上最庞大、最伤感

---

[1] 新闻片(Newsreel),20世纪上半叶在公映场所播放的有声时事短片。被认为是现在仅存的关于那个年代的有声影像资料。
[2] 汉弗莱·詹宁斯(Humphrey Jennings,1907—1950),英国纪录片导演、制片人,被英国著名导演林赛·安德森誉为"英国电影界唯一的真诗人"。1950年,他在为翌年举办的英国全民庆典拍摄主题纪录片《全家福》(Family Portrait)后,于同年逝世。
[3] 英国节(The Festival of Britain),是1951年夏季由英国政府举办的一场全民庆典,旨在恢复战后民众情绪,展示英国在科学、技术、工业设计、建筑和艺术领域取得的成就。庆典由克莱门特·艾德礼的工党政府举办,并很快被继任的保守党领袖丘吉尔勒令停止。
[4] 西里尔·康诺利(Cyril Connolly,1903—1974),英国知识分子、文学评论家和作家,《星期日泰晤士报》(The Sunday Times)在"二战"后的主要书评人之一。

而又最肮脏的大城市了。"

大不列颠迟早会从战后的赤贫里走出来——虽然较之它的欧洲邻国要少些自信、少些派头儿。对出生在20世纪50年代后期以降的人来说,"厉行紧缩"只是一个抽象概念。配给和限额制度取消了,房子也有了:战后英国特有的萧条得到了缓和。电力和便宜的燃油淘汰了煤炭,甚至连尘雾也消疏了。

有趣的是,战争结束后头几年的自我麻醉型英国电影——如《枯木逢春》(*Spring in Park Lane*,1948)和迈克尔·怀尔丁(Michael Wilding)、安娜·尼格尔(Anna Neagle)主演的《五月千金》(*Maytime in Mayfair*,1949)——都不时兴了,冷硬派的"厨房水槽剧"[1]取而代之:由艾伯特·芬尼(Albert Finney)或艾伦·贝茨(Alan Bates)扮演年轻工人阶层主人公,配以漫天飞沙的工业场景,如《浪子春潮》(1960)和《一夕风流恨事多》(*A Kind of Loving*,1962)。不过这类电影拍的都是财政紧缩尚未结束的英国北部。在伦敦观看它们有一种重返童年的穿越感:因为在1957年后的南部,保守党首相哈罗德·麦克米伦已经能向他的听众们保证,他们中大多数人的"生活会前所未有地好起来"。他所言不虚。

我想我直到最近才开始完全理解幼时的经历所带来的影响。

---

[1] 厨房水槽剧("kitchen sink" drama),英国影视、舞台剧在20世纪50年代末到60年代初流行的一种风格,以战后工人阶层为主角,注重体现社会现实。

从我们现在所处的优越地位回望，更能看清那个贫瘠年代所包含的品质。当然，谁也不希望它重演，但财政紧缩不仅是一种经济状况，它也是民心所向。1945年至1951年的工党首相克莱门特·艾德礼——正如哈里·杜鲁门一样——力挫战争领袖的个人魅力在选举中胜出，满足了那个年代需要低调的整体愿望。

丘吉尔揶揄地说他"的确有很多事不得不谦虚"。然而，正是艾德礼领导了英国现代史上最伟大的改革——条件虽然不比二十年后的林登·约翰逊，但成绩却相当。像杜鲁门一样，他一生清贫节俭——从毕生的公众服务里只获得了一点点回报。艾德礼充分体现了伟大的爱德华时期中产阶层改革家的作风：道德严肃，处处克己。我们现在的领导人，有几个敢说自己能做到，甚或哪怕是理解这一点？

公共生活中的道德严肃感就像色情作品一样，难以定义，但一望便知。它要求言行一致，要求政治责任伦理。所有的政治都是可能性的艺术，但艺术也有艺术的道德。若将从政比作绘画，将罗斯福比作提香，丘吉尔比作鲁本斯，那么艾德礼就是这行中的维米尔：精确而内敛——且长期以来都没有得到应有的评价。比尔·克林顿或许追求萨尔瓦多·达利的高度（如此比较，大概会被他看作对他的恭维），托尼·布莱尔则在地位——和贪婪程度——上都很像达米恩·赫斯特（Damien Hirst）。

艺术作品的道德严肃感体现在精简的形式和克制的美感上：

就像《偷自行车的人》那部电影一样。近来，我让我十二岁的儿子去看了弗朗索瓦·特吕弗在1959年拍摄的经典影片《四百击》。作为看着《后天》《阿凡达》之流所谓"内涵深刻"的电影长大的一代，他表示震惊："太简洁了。他做得这么少，却表现出那么多。"委实如此。我们在娱乐产品上运用铺天盖地的资源，不过是为了掩饰它们本质的贫乏；政治也一样，戴着装腔作态的面具去喋喋不休，不过是为了掩饰令人哈欠连天的空洞无物。

艰苦朴素的反面不是经济繁荣，而是穷奢极欲。我们一味无止境地重商业、轻公共事业，对领导人也不再抱有更高的期望。丘吉尔能给我们的只有"热血、辛劳、眼泪和汗水"，如今六十年过去了，我们自己的"战争总统"[1]——尽管大谈道德时也慷慨激昂得喘不过气来——在2001年9月11日以后，除了让我们继续购物外竟什么期望也说不出来。这种只知在消费上人人"休戚与共"的精神贫瘠的社会，就是现在的领导人所能给我们的一切。想要更好的执政者，我们就必须对他们提出更多的要求，而为自己谋取更少的利益。艰苦一点儿，也许是有好处的。

---

1　此处应指1997年至2007年任英国首相的托尼·布莱尔，自"9·11"事件发生起，布莱尔就视美国为紧密的盟友，并给予大力支持。他曾在2001年和2003年分别支持美国出兵阿富汗和伊拉克。"战争总统"的名号原意是指美国第43任总统乔治·沃克·布什，得名于2004年。当时，一位美国艺术家用伊拉克战争中牺牲的美国士兵的照片马赛克组成了小布什的头像。

# 食物

并不是说小时候吃得不好，长大了就不会怀念。我少年时的美食体验，包含了英国菜里最令人提不起兴致的各色传统菜肴；又因父亲在比利时度过的少年时代留给他的隐约记忆，偶尔有少许欧陆都会风情的料理作为调剂；每周还会穿插一餐在祖父母家的安息日晚餐，提醒我作为东欧犹太民族后人的传统。这种奇异的杂烩料理对刺激我的味蕾并没有起多少作用——我是在去法国念研究生后才经常能吃上好东西的——倒是让我年少时对身份归属的困惑更加重了。

我母亲出生在旧伦敦东区最缺少犹太教氛围的地段：伯德特路和金融路路口，伦敦码头以北几个街区的地方。这一不幸的地段安排——母亲觉得自己与之十分疏离，因为它不像北边几百码外的士得利园那样有浓厚的犹太教氛围——在母亲身上造成了许多如若不然将无法解释的性格特点。比如,母亲与父亲不同,她对国王和女王十分尊敬,晚年甚至发展到每次电视转播女王的演说时,都几乎忍不住要站起来。与犹太人中那些说意第绪语的外国亲戚相比,她对自己的犹太血统几乎到了自觉惭愧的地步,且由于她母亲对一年一次的大型仪式以外的所有犹太传统都一律漠视(无疑也因为她的成长环境在伦敦东区),她对犹太料理几乎一无所知。

所以我是吃英式菜长大的。但不是炸鱼薯条,不是葡萄干布丁,不是蟾蜍在洞[1],不是约克夏布丁,也不是别的任何英式家常美味:这些我母亲认为不健康的食物她都看不上。她虽在非犹太人中长大,但恰恰因为这个原因,她和家人都不与外人往来,根本不了解在他们看来可怖又可疑的邻居们的家庭生活。无论以何种标准来衡量,她对如何烹制"英式美食"都一无所知。她的日常交际圈内,只有我父亲在不列颠社会党中认识的朋友,那些全素食主义者和半素食主义者,让她明白了全麦面包、糙米饭、豆类植物以及其他一些爱德华时期左翼人士饮食中的"健康"食材的好处。然而,正像她不懂如何做中式炒杂烩一样,她也做不来糙米饭。于是,她便沿用了当时英国所有其他厨子都采用的方法:将每样东西往死里煮。

---

[1] 蟾蜍在洞(toad in the hole),传统英式菜肴,将约克夏布丁打成糊状,再将香肠放入其中烤制而成。

因此，英式料理于我的印象，倒不在于缺乏精致感，更多的是根本连一点儿滋味也没有。我们吃的霍维斯全麦面包虽有健康价值，但在我眼里，比朋友家喝茶时端上来的橡胶般的白吐司更没劲。我们吃白煮肉、白煮菜，偶尔也将这两样东西炒一炒吃（公允地说，母亲炸鱼很有一套，虽然我一直不知道那是英式的还是犹太式的）。偶有奶酪时，一贯是荷兰奶酪——原因我从来没弄明白过。茶是不会少的，且由于我父母反对喝任何有气泡的饮料——又一个他们出于对政治的短暂兴趣而养成的毛病，于是我们只能喝果味的非碳酸饮料，过了几年也开始喝雀巢咖啡。多亏了父亲，家里偶尔也会出现卡芒贝尔奶酪、沙拉、正宗的咖啡和其他一些好东西。但母亲看待这些东西怀着警惕，就像她看待来自欧陆的任何其他事物一样，无论是吃的，还是人。

相形之下，每周五祖母在伦敦北部的家里为我们准备的晚餐，简直再好吃不过了。我祖父是波兰犹太人，祖母生于立陶宛一个犹太小镇。两人都好北欧犹太口味。我初尝中南欧（具体而言是匈牙利）那菜色多、口感好、滋味浓的犹太料理，已经是几十年以后的事了，当时也还没吃过地中海的西系犹太料理。祖母从皮尔维斯托克[1]经安特卫普抵达伦敦，一生不知沙拉为何物，所有与

---

1 皮尔维斯托克（Pilvistok），疑为立陶宛西南部的皮尔维什基艾（Pilviskiai）的犹太名字。

她狭路相逢的绿叶菜,都会被她一一用煮锅"折磨致死"。但是做起酱料、鸡肉、鱼肉、牛肉、根茎类蔬菜和水果来——对味觉长期得不到刺激的我来说——她简直是魔术大师。

那些日子里,每周五晚餐的最大特点,可以说是一种酥与脆、甜与咸的反复对比。土豆、大头菜、芜菁总是酥软焦黄,尝起来都像在糖水里浸过。黄瓜、洋葱和其他一些生吃无害的小蔬菜,则做成爽脆的泡菜。肉菜酥烂,都要炖到肉骨分离、叉也叉不住为止。鱼每顿都有,煮、腌、炒、烟熏或捣碎了做犹太风味的鱼丸汤,且祖母家似乎总有一股调味或腌制过的海产品的气息。有意思——或许也有其深意——的是,我对鱼的口感和种类(多半是鲤鱼)没有任何印象,倒是鱼肉外面裹的东西更引得我注意。

除鱼和蔬菜外,还有甜品,准确地说,是糖煮水果。主菜过后,以李子和梨为主的各色煮得酥烂的水果纷纷如期登场。偶尔会被裹在一种普林节[1]用来做"哈曼袋"[2]的传统面饼里,不过更多时候,糖煮水果是直接上盘的。饮料方面,供应给成年人的总是一种很有特色却难以下咽的甜酒,此外人人都有柠檬茶喝。主食包括黑

---

[1] 普林节(Purim),犹太历阿达尔月第14天。据《希伯来圣经》中《以斯帖记》(天主教汉译名为"艾斯德尔传")记载,以斯帖女王曾将流落波斯的犹太人从大臣哈曼手中解救出来,阻止了哈曼的种族灭绝阴谋,该节日即为纪念这一事件而生。

[2] 哈曼袋(hamantaschen),犹太教普林节的传统食物,以面饼卷裹罂粟籽酱或梅干酱,包成近似等边三角形,形状取自哈曼戴的帽子,也有说是取自哈曼的三角耳。

麦面包、麻花面包[1]、马佐团[2]鸡汤以及各种形状、馅料的饺子（但是口感清一色地只是软）。任何一个五百年内在德国、俄国、拉脱维亚与罗马尼亚出生的人，都能从这样一顿饭中找到归属感。对我来说，每周一次从帕特尼[3]到皮尔维斯托克的跳跃，意味着家庭，意味着熟悉感，意味着滋味和根源。我从未想过要给那些英校男生朋友解释我们在周五晚上的伙食，以及这伙食于我而言的意义。我想我自己也不甚了了，而他们更是永远也不会明白的。

再大一点儿后，我又发现了其他给寡淡得不可救药的家庭养生食谱增味的途径。在当时的英格兰，如果祖上没有人来自情调十足的异国，又想吃到有意思的东西，只有三个去处：意大利餐馆，当时的食客还仅限于索霍区艺术家和言语豪壮的波希米亚派社会边缘人士，这对于身为学生的十几岁的我来说也太贵。再来是中餐馆，但在那个年头，中餐既无趣又少见，且还没做出迎合英国人口味的商业改良。20 世纪 60 年代中期前，伦敦仅有的几家正统中餐馆都在东区，只有中国水手和几个东亚移民肯光顾，菜单

---

[1] 麻花面包（challah），犹太教安息日和节庆时吃的一种特别的面包，烘烤前需将面皮像编麻花辫一般编织起来，出炉后有一种特别的形状。材料包含大量鸡蛋、精白面粉、水、酵母和糖。
[2] 马佐团（matzah balls），用犹太教逾越节传统食物无酵饼（matzah）与鸡蛋、水和油搅拌捏成团子，即为马佐团，常以浸泡在鸡汤中的形式出现在餐桌上。
[3] 帕特尼（Putney），位于伦敦西南部，是作者儿时的居住地。详见本书后文中的《帕特尼》一章。

上经常没有英文，本地人对其菜色也都闻所未闻。

真正行得通的就只有印度餐馆了。我不信我的父母去过印度餐馆——我母亲不知为何会认为中餐馆（虽然她对中餐馆一无所知）干净，而印度菜却很可疑——它拿浓郁的滋味来打掩护，且很可能是在地板上做出来的。我从来也没有这种偏见，且在学生时代，我只要有钱就往伦敦和剑桥的印度餐馆跑。当时我只道是因为它好吃，现在想来，很可能是因为它让我在无意间联想到了祖母的料理。

印度菜也全是浸在浓郁酱汁里的、炖过头的蛋白质食物。它的面包软、佐料辣、蔬菜甜。它的甜品是果味刨冰或糖煮的异域水果。它最适合用来佐餐的饮料是啤酒——这种饮料几乎不为我家人所知。虽然父亲从未吐露，但我确知他心里对换着酒吧轮番豪饮的典型英国人存有根深蒂固的偏见。他已经相当欧化，懂得喝有一定质量的红酒，但另一方面，他也还保有老一辈犹太人对过量摄入酒精的反感。

印度菜让我更英国化了。与大多数我那一代的英国人一样，我如今想到印度菜外卖，会把它当作一种几世纪前就引进了的本地菜色。我的英国习气之甚，在美国这样一个以中餐为第一外国菜的国家，竟像思念故乡的一部分那样思念着印度菜。然而我的英国习气也导致我同样思念着稍做了英式改良的东欧犹太料理（与美国的犹太料理相比，煮得更久，但没那么辣）。我虽也能调动自己去思念炸鱼和薯条,但这不过是怀念传统美食的自我训练罢了。幼时,我在家中根本没怎么吃过这些东西。倘若真要我"追忆逝去的滋味",我会先来份炖牛肉和烤萝卜,继以咖喱鸡块和麻花面包夹酸黄瓜,配上翠鸟牌啤酒和柠檬甜茶。勾起我回忆的玛德琳蛋糕呢?它是浸在马佐团鸡汤里的那块馍,由一个说意第绪语的马德拉斯[1]女招待送上。话说食如其人。我这个人可是再英国不过了。

---

[1] 马德拉斯(Madras),现印度金奈(Chennai),过去曾为英属殖民地,旧称"马德拉斯"至今仍在被使用。

# 汽车

依母亲看，我父亲对汽车已经"着魔"了。她认为我家经济常年疲软就是因为父亲把所有闲钱都花在了这一癖好上。我不敢说她这么想是否公允，但是有一点可以肯定，倘若放任不管，她根本就不会给家里买车，即便买也只会每十年买一辆小型的。然而就是在我这个崇拜父亲的儿子的充满同情的眼里，他也的确有些太迷恋车了。他尤其迷恋法国雪铁龙，在我的幼年和青少年时期，它旗下造型奇特的汽车常年为我家院子添彩。他因一时兴起买过英国车——一辆带有折叠式可开启车顶的奥斯汀 A40 和一辆 AC Ace 跑车，但很快就后悔了，也与一辆潘哈德 DB 有过一段更持久的关系，这辆车在下文还会出现。然而总的来说，乔·朱特一年四季、无论寒暑，开的是雪铁龙，修的是雪铁龙，话里话外全是雪铁龙。

父亲对内燃机发了狂地热爱，这完全符合他那代人的整体特点。"汽车文化"在西欧兴起是20世纪50年代的事，正好是父亲有能力加入的时候。"一战"前出生的男性到了中年时，欧洲大部分人都还买不起汽车：20世纪三四十年代，他们只买得起众所周知在可靠度与舒适度上均欠佳的逼仄的小汽车，直到盛年过后才有能力购置更好的。而我这一代人又相反，从小由汽车伴着长大，丝毫不觉它们有任何特别的诱人情调。然而对在两次世界大战之间出生的男性——我想还有少数女性——来说，汽车象征着对自由的新发现与大好前途。当时的车价在他们的能力范围内，市场供应的车也多，油价也很便宜，而街道则还空落得让人心疼。

我一直没能完全理解我们为什么非要开雪铁龙。父亲的理念是，雪铁龙是市面上技术最先进的车：1936年，公司推出首款前轮驱动、独立悬挂的开路先锋型轿车时，这话是没错；1956年出厂、车体呈性感流线型的DS19也不负此名。它也的确比大多数可与之相媲美的三厢家用车更舒适，且很可能更安全。但至于性能是否更可靠，就是另一回事了：日产轿车革新市场以前，路上特别可靠的车真是一辆也没有，我就常常在深夜给摆弄失灵的引擎部件的父亲递工具，如此度过了许多个乏味的夜晚。

现在回想起来，父亲坚持买雪铁龙——在我幼年时代，他至少买了八辆——或许与他早年的生活有一定关联。父亲生于比利时,并在比利时和爱尔兰两地长大,1935年才来到英国的他,说到底是个移民。虽然他经年累月学得了一口无懈可击的英文,骨子里却还是个"欧陆人":他对沙拉、奶酪、咖啡和红酒的好品位,常与母亲将饮食看作单纯给养而随便处理的英国作风相抵触。于是,一如对雀巢咖啡的仇恨、对卡芒贝尔奶酪的喜爱,父亲以同样的理由鄙视莫里斯、奥斯汀、标准先锋以及所有其他产自英国的毫无个性的车,双眼本能地凝视着欧洲大陆。

至于我们为何在能买到更便宜的大众、标致、雷诺、菲亚特和其他一些车时,偏偏成了雪铁龙之家,我情愿认为这其中有一定的民族动机在起作用。德国车当然是没有商量余地的。当时对意大利车(至少是我们买得起的意大利车)的评价还很低:大家广泛的认识是,意大利人什么都会设计,却什么也不会制造。雷诺的品牌又因它的创始人与纳粹过从甚密而蒙辱(这也是为什么结果公司被国有化了)。标致虽是值得尊敬的企业,但那几年它更出名的是自行车;它的汽车不管怎么看都缺乏活力,很像坦克(也有人这样评价沃尔沃)。另外,虽然父亲没有明说,但或许最有力的原因是:雪铁龙王朝的同名创始人雪铁龙先生,是个犹太人。

然而在一个艰苦而排外的年代里,我家的车也有其令人尴尬之处,它令我们带上了一种恣意的异域情调和"外国"气——这一点尤其令母亲困扰。而且它们(相对来说)贵,便更显得我们铺张、招摇。我记得在50年代中期,有一次,我们开车去看望住在弓区一条小巷的旧排屋里的外祖父母。伦敦那一带的路上几乎看不见什么车，即便有，也是体现着车主收入拮据和品位保守的黑色福特流行和莫里斯小型车。结果我们来了，从闪闪发光的白色雪铁龙DS19里钻出来，仿佛贵族莅临视察他们这些低微的住民。我不知道母亲当时的感受，也从来没有问。反正父亲对他新车所招致的艳羡极为受用，而我则想立即钻到最近的窨井口里消失不见。

1960年前后的几年里，对车的痴迷促使父亲去参加了业余汽车赛。每周六我俩都要北上诺福克郡或东米德兰兹，参加汽车同好组织的比赛。父亲开一辆趾高气扬的潘哈德DB，引擎发动声极为性感悦耳，与当时的凯旋喷火双门敞篷跑车和名爵MGB跑车很可以一较高下。各种家族好友都经父亲的美言被拉来充"技工"（是因为可以不付工钱吗？我不知道），我则奇怪地被派去做一项十分重要的任务：在赛前调整汽车的胎压。虽然这项工作自有一番乐趣，但情状有时也实在可以很无聊（大人们一连几小时聚在一起讨论化油器的事），而且往返制比赛的赛程长时可达六小时。

相比之下，那几年我家去欧陆度假的经历可要好玩多了：有时我们觉得，这类出行很大一部分原因只是给父亲一个开长途车的机会。在那个没有自动导航仪的年代，欧洲公路旅行俨然一场冒险：什么事都比现在花时间，而且总有些东西会失灵。我坐在汽车前排"错误"的一边，从驾驶员的视角饱览了法国国家公路的壮丽景色，并总是第一个被巡警询问[1]：无论是因超速，还是在巴黎市外、那个卷入法国秘密军[2]军事"扫荡"的难忘的深夜。

虽然母亲觉得长途旅行既乏味又累人，且对在布莱顿[3]还是比亚里茨[4]度假并不关心，但我们全家大多时候还是一起出游。因为在那个年代，一家人总是同进退的，而"外出"又正是有车的目的之一。至少对我来说（这点上我很像家父），旅行的目的在于旅途本身；而目的地，尤其是周日"远足"的目的地，大多中规中矩，全无弥补舟车劳顿的有趣之处。即便是过海峡隧道去度夏、冬两季的长假，最有趣的部分仍然是路上的冒险：轮胎破洞，道路结冰，在乡下羊肠小道上发生的惊险超车，以及举家就何时、何处停泊苦苦争执多时之后在深夜抵达的异国小旅馆。父亲在车里比在别的任何地方都要自在，而母亲则恰恰相反。考虑到那些年里我们在车上度过的时间，他们（终于破碎了）的婚姻能坚持那么久，实在是相当了不起。

现在想来，相比我当时因家庭旅行所获得的快乐而对父亲产

---

1 英国规定车辆靠左侧道路行驶，驾驶座在前排的右侧；而法国的规定则恰恰相反，驾驶座也都在左侧，因此，作者坐在前排左侧时，会说自己坐在前排"错误"的一边，而欧洲交警在拦下车辆时也会首先找前排左侧的人。
2 法国秘密军（OAS），是阿尔及利亚战争（1954—1962）期间由法国反对阿尔及利亚独立的人们组织起来的一个准军事组织。
3 布莱顿（Brighton），英格兰东南部海滨城镇。
4 比亚里茨（Biarritz），法国西南部比斯开湾沿岸的一个城镇。

生的同情，如今的我更能理解他对自己的嗜好如此不知节制的原因。父亲是个失意的人：桎梏于一场不愉快的婚姻，从事着一份无聊且或许令他觉得难堪的工作。而汽车——赛车、聊车、修车、带他回到欧洲故乡的车——是他的天地。既不喜欢泡吧酗酒又没有同事的父亲，将雪铁龙变成自己全能的伙伴和名片——最终以被评为英国雪铁龙俱乐部主席的高潮收尾。其他男人通过酒精和情妇寻求的东西，被父亲升华成自己与一家汽车厂之间的恋情——这整件事毫无疑问引起了母亲本能的敌意。

到了十七岁，我已老老实实学会了开车，并如期得到了我的第一辆汽车：自然是雪铁龙，一辆小小的、便宜的2CV经济型小轿车。然而，我虽享受驾车的感觉，且最终载着形形色色的女友或历任妻子驶过大半个欧洲和美洲大陆，开车之于我，却从来不具有它之于父亲的意义。既缺乏维修技术，阴冷的修车库也没有多少吸引力，很快我就摈弃了雪铁龙，开始购买风情虽不足但稳定有加的车：本田、标致以及最终的萨博。当然，我也有过放任男性情结的消费：第一次离婚时，为庆祝，我买过一辆红色敞篷名爵跑车；我对在加利福尼亚州的一号海岸公路上驾驶一辆福特野马兜风的事也还保有美好的记忆。然而它们都只是车，从来构不成"文化"。

这一点在我看来，也是我这代人的惯常反应。"二战"后婴儿潮时代出生的我们，从小生活在汽车与崇拜汽车、疯迷汽车的父辈中间。我们学习开车的道路，比两次世界大战之间和"二战"刚结束之后那几十年中的道路更拥挤、更"封闭"。驾驶汽车不再有冒险意味，除非大大打破常规，不然其中也再无新事物可供发现。我们居住的城市对几年前曾盲目欢迎过的汽车变得越来越敌视：在纽约、巴黎、伦敦以及许多别的城市，拥有一辆私人座驾不再是合理的选择。在"汽车霸权"的鼎盛时期，它曾以一种不正常的形式代表着个人主义、自由、隐私、距离和自私。不过正像许多失调的事物一样，它带有危险的诱惑。如今，它与奥兹曼迪亚斯一样，令我们见证了它的功勋与覆灭。[1] 不过呢，汽车在过去可真是相当带劲儿的东西。

---

[1] 奥兹曼迪亚斯（Ozymandias，公元前1303年—前1213年），即埃及法老拉美西斯二世（Ramses Ⅱ），约公元前1279年—前1213年在位，其执政时期是埃及新王国时期最后的强盛年代。本书原文此句为"Ozymandias-like, it now invites us to look upon its works and despair"，似与英国诗人雪莱所写的《奥兹曼迪亚斯》（"Ozymandias"）一诗中"Look on my works, ye mighty, and despair!"相呼应。该诗的核心主题是：所有君主无论曾经多么伟大，有怎样的功勋，终有落寂的一天。西方世界用"Ozymandias-like"来形容这种盛世之后的落寂。

# 帕特尼

人们说，家园即心之所在。我可说不好。我曾有过的这么多个家里，没有哪一个被我看作是自己的心之所在。原话的意思，当然是说任何地方只要被选作家，便是真正的家——从这个意义上来说，我想我恐怕一直没有家：许多年前我将自己的心留在了瑞士的一个山坡上，然而我愚蠢的身体却未能跟随它。不过，在我所有终未生根的根系里，却还有比较突出的那么一支，甚至于称得上是我的心之归属。1952 年至 1958 年间，我家一直住在伦敦西南角的帕特尼区，我对它的记忆充满了感情。

当时我还不知道，原来帕特尼竟是这样一个适合成长的地方。我家公寓以北百码左右便是圣玛丽教堂，它由教区建造，敦实古旧,尤以1647年英国内战白热化时期的那次辩论[1]而著称。正是在这里,托马斯·雷恩斯伯勒(Thomas Rainsborough)上校告诫对方说:"英国内,不拘最贫苦的他,还是最伟大的他,皆有一份自己的生活……政府将任何一人纳入管制,必应先得到该人的服从意愿……"整整300年后,克莱门特·艾德礼领导的工党政府,将为英国走向福利社会拉开序幕,保证为最贫苦的他(和她)提供一份值得去过的生活和一个为民造福的政府。艾德礼生于帕特尼,逝世的地方离帕特尼也不过几英里远;他的政治生涯长久而成功,为人谦和,不贪不占——与那些敛财无度、挥金如土的继任形成鲜明对比,堪称中产阶层改革家典范,具有伟大的爱德华时期"道德严肃、处处克己"的风范。

　　帕特尼本身也自有一种克己的氛围。作为教区它已相当古老——曾与它境内横渡泰晤士河的渡船一起,出现在《末日审判书》[2]中(河上的第一座桥建于1642年);并且因其毗邻的大河[3]及后来成为帕特尼繁华高街的老朴茨茅斯路,而有了一定的重要性。正因帕

---

[1] 此处指1647年10月在伦敦帕特尼的圣玛丽教堂举行的一系列讨论,研讨双方均为新模范军,一方为独立派,另一方为平等派,议题有关英国新宪法的订立,史称"帕特尼辩论"(The Putney Debates)。
[2] 《末日审判书》(Domesday Book),1086年完成的一本详尽记载英格兰及威尔士部分地区情况的书。现藏于英国国家档案馆。此处提到帕特尼出现在此书中,证明了它的古老。
[3] 即泰晤士河。

特尼地处大河与大路的交汇处,很早便有一路在厄尔斯考特与温布尔登之间南北纵向运行的地铁由此经过,伦敦西南铁路(后更名为南方铁路)往返于温莎和滑铁卢的线路,也颇具策略地在高街上段设置了停靠站。巴士线路也非常多:14 路、30 路和 74 路从帕特尼及其周边地区出发,直达伦敦东北部;22 路和 96 路从帕特尼公地开出,横贯伦敦市区,分别开往哈默顿和艾塞克斯深处的雷德布里奇站(是当时伦敦境内最长的巴士线路);85 路和 93 路从地铁帕特尼桥站往南,分别开往金斯敦和莫登。当然,718 路绿线巴士从温莎到哈洛新镇的漫长路途,也有一段经此处过。

  由于有八条巴士或长途汽车线路,两条电车(1959 年出于愚蠢的理由被停用)线路,一条地铁和一条乡村铁路在其上及其周边设站,高街在当时是一个热闹得不得了的交通枢纽。而我生得天时地利,正好可以享受这一切:我家就在帕特尼高街 92 号,虽然嘈杂不休,但地段优越。又因为我要乘 14 路巴士上学(我的绿线巴士历险记是在搬去郁郁葱葱的金斯敦山以后的事了),于是每天都能近距离观察所有的巴士和火车。私家车的数量还比较少,但也只是相对而言:伦敦是那些年里美国大陆之外私车拥有率和使用率最高的地区,交通拥堵也已经成了帕特尼生活的一部分。

  然而出了热闹的高街,就到了另一个更僻静的帕特尼了:有 19 世纪末建起的乡间高档公寓,有将维多利亚时期的联排公寓和爱德华时期的砖石别墅重新分割而成的套房,虽然都是"半独立"

式的房屋，但面积都相当可观。楼房大多雅致，在装潢和外观上也都极为相似，成排地绵延过一条又一条街道、一方又一方街区。帕特尼比两次世界大战之间在伦敦东南面没完没了扩张的枯燥乡村更迷人，又没有伦敦西北面奢华的绿树成荫的大道那么张扬炫耀，完全是一派令人放心的中产阶层模样。那里当然也有中上阶层，一律高高地住在古老的帕特尼原野周边以及通往高地的山坡上；也有类似向河而去的下里士满路那样的工人街区，立志成为诗人的劳里·李（Laurie Lee）从偏远的格洛斯特郡初到伦敦时，就在那里找到了便宜的住处和第一份工作。不过大体上来说，帕特尼是个舒适、安全的中产阶层驻地。

我们自己的公寓则又冷又乏善可陈，一共三层，坐落在我父母工作的美发屋上面。但它有自己的独特之处：背靠琼斯马厩胡同。那是当时仅存的几条马厩胡同之一，是城里住户和工匠关家畜的地方。那些年里，马厩胡同仍派传统的用场：六个马厩中，从我家后门背向而去的两间里都关着役畜。其中有一匹——那是一匹愧对"马"这个名字的脏兮兮的瘦东西——属于一个收废品的男人，每天早上从马厩里被牵出来，草草套上马具出去收废品，等到一天结束，常常要拖着老大一车回来。另一匹马饲养得比较好，为一个蓬头垢面、极爱谈空说有的卖花妇人工作，她在公共马厩有一个马位。余下的马厩都改成了本地手艺人（电工、机工、维修工）的棚屋。就像送奶工、屠夫、卖花女和回收废品的人一样，他们都是本地人，他们的上一辈也是本地人，再往上几辈也都是本地人。在马厩胡同的人们看来，帕特尼仍旧是个村子。

即令是高街也同样还沉浸在自给自足的过去之中。当然，"连锁店"已经有了，如伍尔沃斯、玛莎百货、英国家庭商店（BHS）等。但它们的店面都很小，且在数量上远远不及本地人自己开的杂货店、烟草行、书店、菜市、鞋铺、女装店、化妆品店等各种商店。连大卖场不知怎么也本地化了：这里的森斯伯瑞大卖场是一个小店铺，双门面一左一右各只有一扇橱窗，地板上还有木头屑。服务人员都穿着熨得笔挺的蓝白围裙，礼貌又略显倨傲，跟背后墙上挂着的几十年前店铺成立时拍的照片里那些自豪的员工一点儿也不相像。沿着高街再往前走，"家乡与殖民地住民"杂货铺则仍然仔细区分着国产和海外商品，比如"新西兰羊肉""英国牛肉"等等。

不过高街是我母亲才去的。我则去雷西路[1]，那里有家持照酒铺，我受命去那里买苹果酒和红酒；还有一爿小小的裁缝店，以及两家"糖果店"。其中的一家杂牌店按照20世纪50年代的标准来说至少算得上现代化，卖水果味泡泡糖、封装的巧克力和箭牌口香糖。然而另一家呢，虽然又黑、又潮、又脏，不管怎么看都

---

[1] 雷西路（Lacy Road），与上文所说的琼斯马厩胡同相连的街道。

很压抑，却要有趣很多。它由一个小气又干瘪的老太婆照看着（我猜这店是她的），当她不满地从一排大玻璃瓶中称出 1/4 磅重的大块硬糖或甘草糖时，总会对缺乏耐心又衣衫不整的客人发牢骚："我从老女王的金禧庆典那会儿就开始卖糖给像你们这样脏兮兮的小东西了，别以为你能捉弄得了我！"老女王，当然是指 1887 年 6 月举行金禧庆典的维多利亚……

帕特尼两边的小街上，还存有一种维多利亚时期——或者更准确地说，是爱德华时期——的感觉。在坚实的石阶上，厚重的窗户和帘幕后面，人们可以想象得到，戴着眼镜的未婚老年女性正在教授钢琴课，以此来补贴微薄的养老金——其实不用想象，我自己就至少被两个这样的独身女性教过，两人都过着一种我在当时就已心领神会的清贫却虚摆排场的生活。我在学校有几个朋友，家里在多佛尔住宅街附近或帕特尼山上气派逼人的别墅里拥有一两层楼，即便是到了现代，虽然一座别墅要分给几个住户，但这些建筑仍透着一种坚实、稳固的感觉，使我隐隐为之震撼。

帕特尼也有帕特尼的不足。它的河畔还是半个农村，几乎没有得到开发，只有桥附近一带稍稍显出了些商业化氛围，那是每年牛津—剑桥划艇赛的起点。停船用的船棚、住人的船屋、偶尔出现的拖船、被人遗弃的小艇，都慢慢地烂在了泥泞之中：它们是昔日河上生意往来的活见证。泰晤士河在帕特尼的河段潮汐还很活跃：有时是一条慵懒穿过大片泥滩的细流，有时又险些要把它两边年久失修的破烂河堤给淹没。那时候，来自威斯敏斯特桥、去往上游特丁顿或牛津的渡船或游船，在进入绕着对岸克雷文农场球场（富勒姆队主场）的大弯道前，船顶都要擦着桥底才能经过。帕特尼这里的河段杂乱，不重外观优雅，只重实用与否；我曾花大把大把的时间坐在这儿的岸边，思考着如今早已忘却了的事情。

  我十岁时，因着父母对光鲜生活的一时向往，举家搬离帕特尼，迁至葱茏的萨里郡边。金斯敦山上的房子比我们的旧居大，我们住了九年，直住到我的父母没钱了为止；它带一个花园，还有一扇大前门。它还有——啊，这下好了——两个卫生间。住92号时，要从我的卧室下两层冷冰冰的楼梯才有一间盥洗室，此番经历后，两个卫生间着实令我大感安慰。金斯敦还有一些供有志骑行者历险的乡间小路。然而我却始终未能忘怀帕特尼：它的商店，它的气息，它的社区环境。那里并没有什么绿化，只有周边地区按自然意愿肆意生长的野花和石南。它已彻底城市化，尽管是伦敦城市化特有的那种随性与大气；至少在20世纪60年代惨不忍睹的城市"规划"之前，它还一直是个向外而非向上发展的城市。如今我已经不觉得那是我的家了——如今的高街只能算差强人意，从快餐馆到手机店，它都已经沦为英国境内任何一条毫无特色的高街的仿制品。然而帕特尼永远是我的伦敦，而伦敦——即便它只是我幼年的居所，1966年我去剑桥后便再未回去过——曾经是我的城。虽然它已不再是了，乡愁却还原了一座令人满意的家园。

# 绿线巴士

20世纪50年代的最后几年，我上学都坐一路绿色的巴士。绿线巴士和当时伦敦所有的巴士一样，也归公家所有。它是伦敦运输局旗下的一种巴士，提供跨伦敦的长途客运服务；典型的绿线巴士一律从距市区20英里到30英里的一处乡镇发车，终点则设在市区另一头之外距离相当的另一个镇上。我所乘坐的718路，始发站在伦敦市西南面的温莎，终点则设在东北面，位于伦敦市与剑桥市当中的哈洛新镇。

绿线巴士在许多地方都与众不同。它当然是绿色的，然而不仅外面绿，连车厢的内饰和乘务员的制服也都是绿的。与伦敦当时传统的双层巴士不同，绿线巴士一般是单层的，而且还装有关合时会发出"咻"的一声的电动折叠门。这一点又让它们与伦敦市中心运营的后门敞露的双层巴士有了区别，生出一种舒适、温暖、令人放心的感觉。就线路而言，绿线巴士的行程跨度很大——车程从头至尾大多在三小时以上，所以许多常规车站它们都不停靠，只在少数几个换乘点停。因此，尽管它们并不比普通的伦敦巴士跑得快，却被冠以"快线"之名，且车票也能卖更贵一些。

绿线巴士的颜色和名字都不是随便选取的。它象征并体现着伦敦城市规划的一项长期准则：它们的终点均以20世纪头几十年里围绕大伦敦周边所设立的"绿环带"为参照，有的设在绿环带上，有的设在绿环带外。绿环带最早的作用在于构成一条环境保护带，同时为公众的娱乐休闲提供充足空间。彼时的英国首都便小心翼翼地将自己框在这条开阔的环状地带之内，其中有各色公园、公共用地、原始森林、天然牧场、开阔荒地，过去皇室、城市或教区的产业被原封不动地保留了下来，与"大脓包"[1] 扩张所引起的常年威胁相抗衡，保卫着英格兰东南部农村地区不受侵扰。

两次世界大战之间的几十年，伦敦短暂盛行过缎带开发计划[2]，20世纪50年代又搞过一次更令人扼腕的公私住宅项目，除

---

1　大脓包（The Great Wen），伦敦的别称。19世纪20年代，伦敦由于畸形扩张而得此名。
2　缎带开发计划（ribbon development），20世纪二三十年代盛行于英国的住房开发计划。当时由于汽车的出现，开发商发现即便住宅离购物、娱乐场所较远仍能卖出，于是便在交通通路的两边建满住房，并沿路一直建下去。这种做法最终导致都市大幅向外扩张，侵占了都市边缘郊区地带。"二战"后开始的"绿环带"规划正是为了给这种"城市蔓延"画上句号。

此之外，大伦敦基本上都待在了绿环带之内；诚然有时也会深入绿环带几英里，但还足以分辨得出城乡之别，绿环带外围的村镇也仍得以维持各自的风情和特点。绿线巴士呢，通过它们的名字、路线以及所跨越的距离，彰显着一代规划者宏伟计划的极大成功。

当然啦，我当时根本不知道这些。但想来我已经本能地领会到了这些巴士和它们的路线设计者暗示的信息。他们仿佛在说，我们，是某种伦敦之理想的策动人与化身。我们从温莎、斯蒂夫尼奇、格雷夫森德、东格林斯特德启程，抵达哈洛、吉尔福德、沃特福德，且一路上跨越整个伦敦（大多数绿线巴士都会经过维多利亚站或大理石拱门，有些两者都会经过）。红色路霸[1]只在伦敦市中心来往，其乘客可随时随地上下，而我们绿线巴士则勾勒出整个城市的范围，凸现它的宏大规模，同时又用我们的路线和终点，来维系它需遵守的界线。

有时我会去试探这些界线，从头坐到尾，只为看到我的故乡周遭不断冒出树、山和原野时所体会到的快乐。绿线巴士的"工作团队"——每辆车上都配有一个司机和一个售票员——看起来相当能理解这种显然无甚意义的幼稚举动。他们的工资不比红色

---

[1] 红色路霸（red Routemaster），即在伦敦市中心运营的红色双层巴士。

巴士的司机和售票员多多少——当时伦敦客运委员会的全体员工谁也没有值得吹嘘的收入。我初乘他们的车时，这些巴士员工刚刚结束一场漫长而苦涩的罢工，然而绿线巴士全员的"气场"与其他巴士人员相比却极为不同。他们有更多时间彼此交谈或与乘客交谈。由于巴士的门能关上，车内比其他巴士更安静，且很多路线两边都是战后伦敦郁郁葱葱的郊野，舒适、安稳又迷人。巴士本身也不知怎的，令人觉得更高级、更舒适，尽管车上的靠垫、坐垫和当时伦敦其他巴士的并无二致。所以在我眼里，绿线巴士的司机和售票员对自己的车所怀有的自豪感，似乎比其他线路的巴士人员更强烈，其面对每日一成不变的工作的态度也更安然。

售票员的收入要比工种更有技术含量的司机少一点儿，一般但不总是由一个年轻的男性担任（基本上没有女性从事这个工作）。他的功能表面上看只是维持秩序、收取车费，但因大片乡村常常少有乘客和车站，他的工作便总是很清闲，结果他最大的作用其实是陪着司机。而因为司机是巴士的一部分（驾驶室和车厢是一体的），常常是所有的乘客都认识他，有些甚至知道他的名字。开长途的绿线巴士司机无疑是寂寞的。乘客属于哪个阶层则另当别论。由于绿线巴士车票较贵，且接纳城里乡间的各种乘客，搭乘的人往往不在当时主要的"巴士族"之列。20世纪50年代乘红色巴士上班的人，尽管后来想以私家车代步，却力有未逮，而相当一部分绿线巴士的生意则在之后的几年里被私家车抢走了。

所以说，虽然伦敦市内巴士的乘客常与司机、售票员同属一个社会群体，绿线巴士的乘客却多为中产阶层。这很可能就是为什么车上会形成一种英国社会至今仍广泛承袭的恭敬，且巴士也更安静。然而，绿线巴士团队对自己的车所持有的溢于言表的自豪感——他们待在车上的时间更久，也更少动辄被遣去别的线路，尤其是谙熟又长又复杂的线路的司机——在某种程度上弥补了社会阶层之间的差异。结果，车上的每个人都各得其所，或至少看起来如此。我记得自己即令只有十一岁，就已经觉得那散发着令人安心的气味的巴士，不像是公共交通工具，倒更像是图书馆或旧书店。会有如此匪夷所思的联想，可能是因为图书馆和旧书店是少数我觉得沉静而非喧嚣的公共场所吧。

20世纪60年代中期，我仍然会坐绿线巴士。那时我主要在深夜赶车（当时绿线巴士的末班车通常在晚上十点发车），在开完犹太复国主义青年会议或同某个女友幽会完毕后回家。那时夜里的绿线巴士总是很准时（不像红色巴士，绿线巴士是按照公布的时刻表运营的）；如果不准时赶到车站，就会误车。如果赶不上班车，我便只好在寒冷的火车站台上长久地等待鲜少出现的夜班火车，然后从某个南方铁路公司设置的极为不便的车站，消沉而疲惫地走回家去。与之对比，赶上绿线巴士的感觉好极了，它是伦敦寒夜里舒适的保障，保证了一段安全而温暖的归途。

如今的绿线巴士只不过是它的过去的一个影子。它由阿里瓦公司持有并运营，这个在私人企业中差到退无可退的公司，如今负责着整个英国所有的火车与巴士，且收费奇高。绿线巴士除个别线路外，不再穿过伦敦市中心，而是往来于希思罗机场、乐高乐园等英国的新地标。车体的颜色只是历史促成的一个意外，与车的功能再没有关联：连如今的制服也都采用了浅绿或其他色调的绿——无意间提醒了我们，绿线巴士及其服务都不再如原来那样真诚如一了。售票员早已失踪，驾驶座也已被隔离起来，司机兼顾收取车费，与乘客间除商业往来再无任何过从。跨越伦敦的线路一律取消：这些巴士开入城中即半途折返，回到它们出发的地方，仿佛在提醒乘客，这辆巴士只不过是又一路从 A 点发往 B 点的巴士罢了，它不勾勒、不容纳也不包含，不以任何形式来体现伦敦地貌的博大，更休提正在迅速消亡的保护性绿环带了。与英国当今的许多事物一样，绿线巴士仿佛一块被人遗弃、几欲坍塌、杂草蔓生的界碑，默默地记录着过去。这过去的种种意志、人们共同的经历，都悉数消隐于英国的文物保护局中。

# 互仿的欲望

据文学理论家勒内·基拉尔说，我们变得希冀并最终爱上的，总是其他人爱的人。我个人的经历却与此相左——我有过一长段苦恋某物或某女的经历，这些对象虽遥不可及，却没有哪一个能对其他人也构成特殊兴趣。不过，基拉尔的"互仿说"却在我生活中的某一个领域，以意想不到的方式奏效了：如果我们不以"模仿"和"竞争"，而以"对等"和"对称"来理解"互仿"这个词的话，那我倒是能来担保他这个主张的正确性的：我爱火车，而且它们也一直爱着我。

被火车爱算什么意思呢？对我来说，爱是这样一种境况，它能令被爱的人满足于独处。如果这听起来悖谬，请想一想里尔克的告诫：爱既要予所爱之人以空间，又要予其呵护，助其成长。

小时候的我，在人前总是忸怩而局促，特别是在家人面前。孤独是幸福，却不易得到。"停驻"总令人紧张——无论停驻在哪里，总有做不完的事、取悦不完的人，不是要完成这个义务，就是要勉强扮演那个角色：感觉上怎么都不妥。然而反过来，"前往"则令人轻松。我从来没有像要独自前往某处时那样愉快过，且路程越长越好。步行令人高兴，骑行令人享受，坐巴士也很好玩儿，而乘火车，简直就是天堂般的感觉。

我从未特意对父母或朋友解释过我的这个爱好，于是只好每每编造一些想去的地方、想见的人和要做的事。无一不是谎话。那个年代，小孩到了七岁左右就能安全地搭乘公共交通工具旅行，我则从很小的时候起，就开始独自乘坐地铁在伦敦绕来绕去了。要说有什么目标的话，便是要乘遍整个地下网络，从一头乘到另一头，这个野心勃勃的计划当时差一点儿就被我实现了。当我抵达某一路地铁的终点，比如说埃奇韦尔站或昂加尔站后，又做些什么呢？我下车，无比细致地研究一番车站，四周看一看，买一个伦敦运输局供应的干巴巴的三明治和一罐泰泽汽水……然后坐下一趟车返回。

我从一开始就对铁路系统的技术、结构及其工作方法很是着迷，到现在都还能历数伦敦各路地铁以及它们由于早年分属不同的私人公司而呈现出的各不相同的特点及车站布局。但是我从来都不是个"火车控"。即便是进阶到独行于英国铁路南区广袤无垠的线路上,看到一群群身着滑雪衫、热情满满的八九岁小男孩站在站台尽头没完没了地数面前开过的火车时,我也从来没加入过。这种对统计数字的追求在我看来简直蠢到家了——火车当然是要坐上去才行。

那个年代的南区铁路向喜好独自乘行的旅客们提供了非常丰富的选择。我会在滑铁卢线的诺比登站上车,将自行车停在行李车厢,乘着乡村电力机车直奔汉普郡的乡野,在唐恩的斜坡上的某个乡间驿站下车,往东一直骑行至过去的伦敦——布莱顿火车站,接着再跳上车,一直坐到维多利亚站,最远或到克拉珀姆枢纽站。那里有多个19世纪的站台供我随意挑选——怎么说它都是当时世界上最大的火车站嘛——且让我以挑选回家的线路自我娱乐。行程能耗去夏季一整个漫长的白天。等我又疲惫又满足地回到家,父母会礼貌地询问我的去向,而我则会尽量编造一些有意义的活动,来规避更多的讨论。火车孤旅是我一个人的,我可不想破坏这种私人性。

20世纪50年代,乘火车很便宜——特别是对十二岁的男孩子来说。我用一周的零花钱买来快乐,还能剩下几便士去买零食。花钱最多的一次,我差点儿到了多佛尔——确切地说,我来到了福克斯通中央车站——满心向往地看到了至今仍记忆犹新的法国国家铁路急流快车。更多情况下,我会把闲钱花在滑铁卢车站的摩维堂新闻放映厅[1]：滑铁卢车站是伦敦最大的终点站，是汇聚了引擎、车次表、书报亭、公告栏和各色气味的丰饶之角[2]。后来的岁月里，我偶尔会错过回家的末班车，便在滑铁卢车站通风良好的候车室坐上好几个小时，一直到深夜，听柴油机车换轨、工人装卸邮包的声音，安于一杯英国铁路供应的可可和独处的浪漫情调。我在深夜两点的伦敦神游时，天知道父母都以为我去干吗了。但要是他们知道了真相，说不定会更担忧呢。

蒸汽时代时我还太小，无缘体验它的激动人心。那以后，英国铁路网过于迅速地把所有蒸汽机车换成柴油机车（而非电力机车，为这一错误决策，英国至今还在付出代价），所以我刚上学的头几年，虽然克拉珀姆枢纽站还跑着由大型末代蒸汽机推动的长途快车，大部分我乘坐的火车却都全然"现代化"了。虽然如此，多亏了英国国家铁路一贯对投资的克扣，许多火车的车体仍是两次世界大战之间制造的，有些甚至是1914年前出产的老家伙。它们的车厢完全独立、分离（每四节车厢中有一节供"女宾"专用），

---

[1] 摩维堂新闻放映厅（Movietone News Theatre），在20世纪20年代到60年代的英国和美国比较常见，该场所主要播放由摩维堂制作的有声时事短片，且考虑到观看者会携带儿童，时事短片间也穿插播放动画短片。摩维堂是音配像新闻的创始公司，过去在电影开播前，影院所播放的有声时事新闻片多由摩维堂提供。
[2] 丰饶之角（cornucopia），神话中装满花朵、水果和干果的大羊角，且其中的丰饶之物源源不绝。类似我国文化中的"聚宝盆"。

车上没有厕所,窗户都由皮绳牵着,再用门上的钩子穿过皮绳的洞挂住。座椅呢,即便是二等、三等车厢的座椅,都拿一种似乎是格子花呢的布包着,穿短裤的男学生露出的大腿会被刺得有些难受,不过在湿冷的冬夜则既舒适又温暖。

我能够在火车上孤独乘行,这本身就有些悖谬。在法语里,火车是一种公共交通工具:19世纪初,是为那些没有能力购买私人交通工具的人设计的集体交通工具,后来也逐渐以较高昂的价格向爱热闹的富人开放了豪华舱位。火车实际上以不同车厢的命名和不同级别的设施、服务与舒适度,制造了一套现代版的新阶层系统:任何一种早期的描绘都告诉我们,除了少数有幸跻身一等车厢的乘客,火车在头几十年里对大部分人而言,一直是拥挤而不舒适的。但到了我这个年代,二等车厢的环境对体面的中产阶层来说已经达到了不错的水平;而在英国,这一阶层的人都不太张扬。在手机尚不存在的美好年代里,当公共场合尚不允许使用晶体管收音机(而乘务长官对违规行为还能起到很好的管制作用)时,火车仍是个静雅的地方。

后来到了英国铁路系统走下坡路的时候,在家乡坐火车就变得不那么有意思了。企业私有化、站内商业化炒作、员工忠诚度降低,这一切都让我多少失去了兴致;而在美国乘火车的经历也全然无法令我重温记忆与热情。与此同时,欧洲大陆的公有国家铁路却迎来了资金与技术革新的黄金年代,同时亦大量继承了过去网络与系统的特质。

所以，一个人在瑞士坐火车，便能够理解效率与传统其实大可以天衣无缝地结合为社会造福。巴黎东站、米兰中央车站、苏黎世中央车站、布达佩斯东站，它们是19世纪城市规划的里程碑，亦是功能性极强的建筑物：纽约市难登大雅之堂的宾夕法尼亚车站——乃至任何一个现代机场，在历久能力上都无法与它们相比拟。真正好的火车站——比如圣潘克拉斯车站，比如优秀的柏林新中央车站——自身就是现代化生活精神与实质的化身，这也便是为什么它们历经岁月仍能出色地完成最初被设计出来时所赋予的任务。如今回想起来——滑铁卢车站对我的意义，某种程度上就好像乡村小教堂或者巴洛克天主教堂对诗人和艺术家的意义一样：它赋予我灵感。为什么不呢？宏伟的维多利亚式玻璃钢筋车站，为什么不能是见证那个年代的大教堂呢？

很久以来我一直计划要写一写火车。我想我可能在某种意义上已经达成了这个计划，或至少完成了一部分。倘若我关于战后欧洲当代史的解析有什么独树一帜之处的话，那么，我相信，应该是一种下意识的对空间的强调：在一个次大陆有限的框架内凸显出区域、距离、区别和反差的感觉。我想我是在乘火车漫无目标地看着窗外，以及在下车后细密体察景物与声音的反差时，养成这种空间意识的。我度量欧洲的工具是火车时刻表。对我来说，"思索"奥地利或比利时最简易的方法，就是到维也纳西站或布鲁塞尔南站边走边回顾一番过去的经历和两地间的距离。这当然不是唯一的把握社会与文化的方式,不过它对我很有效。

也许我现在这个病最让人颓丧的地方——甚至比它带来的日常实际症状还要令我沮丧的——便是让我意识到了自己再也不能乘火车这件事。这个认识像铅块一样压在我身上,将我无限压向绝症所特有的那种晦暗无望的终结感:明白到有些事是再也不会有了。不能坐火车,并不只是一个乐趣的消失,也不只是自由被剥夺,更不只是再也无法拥有新鲜经历这么简单。想一想里尔克的话,你就会明白,它实际上意味着自我——或至少,是更好的、更容易满足与更平和的那一半我——的缺失。再没有滑铁卢车站,再没有乡间驿站,也再没有孤独:再也没有"前往"了,所剩下的,只是无休止的"停驻"。

## 五港总督号

现在我们都算欧洲人了。英国人去欧洲大陆旅行，英国本身也是欧洲大陆人主要的旅游目的地，且像磁石一样吸引着东至波兰、西至葡萄牙的大量求职者。如今的旅行者要出游会毫不犹豫地乘上飞机或火车，不一会儿就到了布鲁塞尔、布达佩斯或巴塞罗那。诚然，1/3 的欧洲人从来没有踏出过各自的国门，但其余 2/3 极轻松愉快地就弥补了那 1/3 的份额。甚至连（内陆）国境线都消失无踪了：一个人要花好一会儿才能意识到，自己已进入了另一个国家。

不过情况也并非总是这样。在我的伦敦童年时代，去"欧陆"度假充满了无穷的异国情调。"大陆"曾是一片遥远而陌生的土地——我对新西兰和印度倒是要了解得更多，其帝国版图我们在小学里就学过了。那时,大多数人从不出国:度假首选是海风吹拂的海滨胜地或国内的度假村。但我们家比较奇特(也许是因为父亲的比利时童年?),常常越过海峡;次数比同等收入水平的大多数家庭要多。

名流坐飞机去巴黎,普通百姓则坐船。从南安普敦开始一直向北,朴茨茅斯、纽黑文、福克斯通、哈里奇等地都有渡船可坐,但最传统,也是迄今客运量最大的路线,则位于英吉利海峡最狭窄的地方:多佛尔至加来或布洛涅之间。这条路线到20世纪60年代一直由英法铁路局(SNCF)垄断。该局当时仍使用一条战前蒸汽船——SS迪纳尔号,摆渡车辆得用吊车一辆一辆吊到船上。虽然当时驾车渡河的人相当少,这样作业仍需很长时间。于是,我父母便总根据英国铁路局旗下的渡船五港总督号的出海时间来规划我们的旅行。

与在汹涌的海中上下颠簸的小船迪纳尔号不同,五港总督号是一艘大型船:可容纳1000名乘客和120辆汽车。其名取自五港[1]总督,因效忠英国王室,这些沿海地区在1155年经特许成为特别行政区。早在加来尚为英国属地的1347年至1558年间,多佛尔和加来之间就已经有了摆渡,因此这个名字可以说很有渊源。

---

[1] 指黑斯廷斯(Hastings)、新罗姆尼(New Romney)、海斯(Hythe)、多佛尔(Dover)和桑威奇(Sandwich)这五港。

在我的记忆中，1951年启用、1979年退役的五港总督号，是一艘宽敞的现代化船只。无论是从它庞大的汽车运载量，还是餐厅、酒廊的超强纳客能力来看，整艘船所承诺的都是一次豪华冒险之旅。我总催着父母带我去吃早餐，抢先占领靠窗的座席，垂涎三尺地打量菜单上的传统菜色。家中的早餐吃的是无糖谷物，喝的是无糖果汁，往全麦面包上抹的橘子酱也极其有限。然而船是假期开始的地方，健康标准可以无视，因此有了额外的通融。

半个世纪以后，欧洲大陆之旅仍然令我联想到英式早餐：鸡蛋、培根、香肠、番茄、焗豆、白吐司面包、甜腻的果酱、英国铁路局可可，满满当当地堆在写有船名及船主名姓的白瓷盘上，由从战时商船上退下来的风趣幽默的伦敦本地侍者送上。早餐用罢，我们就费劲地爬上冷飕飕的甲板（那些年的海峡真是冷得叫人难以忍受），焦急地注视着海岸线：那不是格里内角[1]吗？对比沉沉压着多佛尔的灰暗迷雾，布洛涅显得那样明丽、洒满阳光；下船的人会有自己已经航行了很远的错觉，所到之处并非寒冷的皮卡第，而是更远的南方。

布洛涅和多佛尔之间的差别，在今天已经很难讲得清楚。首先，

---

[1] 格里内角（Cap Gris Nez），法国北部一岬，伸入多佛尔海峡，是法国离英国最近的地方。其名直译为"灰鼻角"，因为形状像一只鼻子。

那时的语言完全不通：虽然两地已有历时千年的交往，大部分人却仍只能说自己的语言。其次，两地的商户看来大相径庭：当时的法国，至少在总体水平上比英国要穷得多。不过我们有配给制度，而他们没有，所以即便是那里最普通的蔬果店，也能买到令英国游客眼红的、闻所未闻且求之不得的食物和饮品。我记得自己初到时曾留意到法国的气味：多佛尔闻起来像是浓浓的食用油与柴油的混合物，布洛涅闻起来则像是腌过的鱼。

其实过海峡不必开车，不过特意造出可以渡车的船，倒的确顺应了后来的变化。人们可以在查令十字街的车站乘接驳火车抵达多佛尔码头，步行上船，抵达法国后再经由跳板直接走到一个饱经风霜的老车站，法国铁路局暗绿色车皮的火车和拥挤的车厢会在那里恭迎他们的光临。经济宽裕或讲究情调的游客则可选择金箭号：一趟每天都从维多利亚站发往巴黎北站的特快列车（1929年投入使用），列车由带轨道的渡船引渡，乘客可以全程舒适地坐在座位上，不必中途下来。

船一离岸，乘务长就通过天朗牌扬声器宣布："商店"开门了。我在此需强调一下，"商店"所指的，是位于主甲板一端的逼仄小屋，只有一盏灯箱说明这是个店，店里则只有一个收银员当班。你排队，要货，然后等着你的包裹——很像一个瑞典国有酒类专卖店里窘迫万状的酒鬼。如果要得太多，超过了免税商品的购买上限，则会被提醒并要求重新考虑购买数量。

商店在外航时的收益很小：五港总督号上的东西，到法国或比利时去买大多都更价廉物美。但在回多佛尔的路上，小店窗口处的生意则火爆至极。回到英国后，乘客们所能得到的烟酒极为有限，于是纷纷倾囊而出：特种商品税在过去可是很高的。不过，由于商店最多只营业45分钟，利润并不可能很高，而且它只是服务的一部分，并非船上的核心业务。

20世纪60年代末和整个70年代，渡船曾受到一种气垫船的威胁。气垫船靠气囊浮起、双螺旋桨驱动，制造它的公司长期无法为它做出市场定位——这是20世纪60年代的一个普遍问题。为了与时俱进，公司自诩气垫船快捷又现代——"乘气垫，更方便"。然而仿候机厅建造的"候船厅"粗制滥造，且等来的又不是飞机。气垫船遇浪则颠得一塌糊涂，乘客又都必须按规定坐在座位上，可以说受尽了海路上的所有苦楚，却尝不到一点儿其中的甜头。谁也不看好它们。

如今承担海峡摆渡任务的都是些比五港总督号大出好几倍的新船，船上的空间分配也十分不同：正规餐厅的面积相对来说很小，且食客不足，生意全被类似麦当劳这样的快餐厅抢走了。船上有游戏厅、头等舱酒廊（需支付入场费）、游乐场地和大为改观的厕所……以及一个足以让西夫韦大卖场[1]自惭形秽的免税商场。商场的存在有很充分的道理：既然海底有汽车和火车隧道，坐飞机更是极具竞争力的干净利落的方式，那么选择坐船的唯一目的，当然只能是购物了。

于是乎，一如往昔我们涌进早餐厅抢占靠窗座位一样，如今的乘客将旅途中的时间（以及大量金钱）花在了购买香水、巧克力、红酒、烈酒及烟草上。然而，因为海峡两岸税制的改善，在船上的免税店消费已不怎么划算，因此免税店的收益便只够用来支撑它自身的运营了。

怀旧情绪重的人最好不要再去乘那些渡船。近来有一次我乘渡船去加来，想从甲板上看船进港，被以恶劣的口吻告知，如今所有主甲板都关闭了，如果我坚持要待在室外，则必须加入我那些别出心裁的同好们，老实待在船后近水平台上一块用绳子隔出来的地方。从这个位置什么也看不见。规定所透露的信息是明确的：游客不应在甲板上浪费时间（并节约开支）。这条规则——虽然好样的（法属）布列塔尼号还自说自话地开放着甲板——已在所有短途航路上推行：它是渡船收支平衡的唯一希望。

---

1 西夫韦大卖场（Safeway），北美第二大连锁卖场。

英国旅行者站在甲板上含泪观望多佛尔悬崖缓缓临近，为赢得战争而相互道贺并表达归来后能吃到"真正的英国料理"，这样的喜悦年代早已远去。如今的布洛涅看来已很像多佛尔（虽然如今的多佛尔还令人伤感地没什么变化），不过跨海峡之旅仍能向我们揭示一些两岸的事。

由于受到"赔本价"的当日往返票的诱惑，许多英国人都抢着去法国成车成车地买便宜红酒，成箱成箱地买法国奶酪和低税烟草。火车将大部分人乃至他们的车，经由隧道载过海。到了那头，迎接他们的不再是昔日戒备森严的海关，而是占领了从敦刻尔克到迪耶普所有山头的大卖场。

这些店里精心挑选的商品都特别针对英国人口味——连店招牌也是英文的——且都能通过从海峡对岸来的生意得到极丰厚的收益。人们向面无表情的女销售员索要威士忌，以限额为准，能买多少买多少，再也没有谁感到哪怕是一点点的不好意思。这类英国游客相对而言很少会在欧洲大陆久留或再往南深入，否则他们大可以选择只需往返票价一半的瑞安航空。

除英国外，还有别国民众也仅仅为了低价消费而出国吗？荷兰主妇不会跑到乐购去扫货，纽黑文也不是迪耶普淑女的购物天堂，她们自然是不去那里的。欧洲大陆的旅行者一到多佛尔就争分夺秒地往他们的主要目标伦敦去了。然而，过去来英国旅行的欧陆人大多为了它的史迹、碑筑和文化；如今，则成群去往随处可见的商场赶冬季大减价。

　　商业性的朝圣之旅,这就是大部分欧盟民众对所谓欧盟的全部理解。然而离得太近,对现实的把握便难免失真:有时,与你的邻人分享一点儿相互之间的差异性其实会更好。为此,我们需要这样一种旅行:穿梭于空间与时间中时,事物应能呈现出变化与差异的趋势和迹象,比如边检警察,比如外国话,比如异乡的奇特食物。虽然一份难以消化的英式早餐——妄图成为引人追忆的玛德琳蛋糕——所唤起的,却可能是对法国的记忆。我想念五港总督号。

第二
部分

# 乔

我曾极讨厌上学。1959年至1965年间，我一直在巴特西的伊曼纽尔学校就读：它那维多利亚风格的建筑，坐落在克拉珀姆枢纽站向南绵延的轨道之间。虽有火车（当时仍由蒸汽机驱动）隆隆作响，提供视觉上的安慰，此外的一切却都无聊透了。老教学楼的内壁漆成常规的奶油色和绿色——无疑是按照19世纪的医院和监狱设计的。建筑表面上细节的装饰，因材质粗糙、隔热性差，已经分崩离析。运动草场虽然大，且有绿意，但在我看来却冷冰冰也不友好：想必是因为我将它们与学校强烈的基督教压抑氛围联系在了一起。

这个晦暗的学校我每周要前往六次之多（周六早晨的橄榄球训练是必修课），上了七年，却没花父母一分钱。伊曼纽尔属于"直接拨款"学校,独立自主,由地方政府投资,招收全国统考("11+")中名列前茅并能通过学校面试的十一岁男生。这类学校常是百年名校(伊曼纽尔于伊丽莎白一世执政时就已建校),与英国最好的公学和文法学校水平相当,且紧跟后者的大纲来教学。

然而由于大多"直接拨款"学校不收取学费,且常常是走读制,所吸引的生源便大都来自学校附近,于是,学生的社会阶层比起温彻斯特、威斯敏斯特和伊顿地区的要差好几个档次。大部分伊曼纽尔的学生来自伦敦南边的中下阶层;其中小部分男生来自工薪阶层家庭,在"11+"考试中成绩优秀;还有极少数是证券家或银行家一类人的儿子,因家住城郊却不愿去传统寄宿制公学就读而就近来到这所城里的走读制学校。

1959年我入学时,伊曼纽尔的许多老师还都是从"一战"末期就开始在那里教学的老员工,比如校长、副校长(主要负责每周监督高年级级长责打不听话的小男生)、幼学部校长以及我的第一个教英语的班主任。英语班主任1920年入校,行使一种无疑是狄更斯式的教育方式,大部分时间都花在了拧十二岁学生的耳朵上。我想不起他说的任何一句话,也不记得我们那一年都读了些什么;只记得被拧耳朵很疼。

年轻一些的老师则比较好。几年的时间里,他们教好了我的语文与数学,指导我在历史、法语和拉丁语学科取得令人满意的成绩,并一个劲地将19世纪的科学灌输给我们(倘若有人能为我们讲讲现代生物学和物理学,我或许会很期待,可惜没有)。体育是被全面忽视的,至少就美国人的标准而言:我们一个星期只有一节体育课,而课上的大部分时间都被用来在跳马或摔跤垫前面排队。我还会一点点拳击(为了取悦我的父亲,他常打拳,且打得很好),短跑也还凑合;另外——让所有人都感到惊讶的是——我橄榄球居然打得比一般人都好。然而从没有哪一样运动能激发我的兴趣或让我感到快乐。

最无趣的活动要数"联军协会"(CCF)的训练了,男生们接受最基本的军事训练指导,并学习使用李—恩菲尔德步枪(1916年派发给英军士兵时就已经过时了)。在近五年的时间里,我每周二都要穿一套改短了的英国"一战"军装去上学,穿着军装、忍受同路人忍俊不禁的注视和路上女生们强忍不住的嘲笑,然后一整天闷在战斗服里,只为了下课后去板球场毫无意义地绕圈,忍受"中士"们(高年级男生)的欺凌和"长官"们(以牺牲我们为代价,穿着军装、满腔热情地重温军旅生涯的老师)的吼叫。倘若当时有高人提醒,这番经历也许会令我想起哈谢克的《好兵帅克》。

我之所以去了伊曼纽尔,是因为我的小学校长没有让我准备圣保罗中学的入学考试。圣保罗中学才是首屈一指的走读制公学,是与我同时代的人中最杰出的精英们就读的地方。我想自己可能从未向父母提过自己在学校有多难过,除了一两次为学校普遍的反犹太氛围而诉苦之外：那些年的伦敦还没有多少"少数民族"，提到外来者，首当其冲的是犹太人。在一个学生远逾千人的学校里，犹太人只有我们十几个，且大家对犹太人经常受到下流、贬损的诬蔑和中伤的现象还不是特别反感。

多亏国王学院，我才终于摆脱了伊曼纽尔。我参加剑桥大学入学考时，不仅考了历史，还考了法语和德语，我后来的老师们（亦即剑桥的老师们）认为，我的水平已经超过了高中毕业考试的要求。得知这一消息后，我立即给国王学院去信，询问是否可以不参加高级程度考试[1]。"可以。"他们回答说。在得到答复的同一天，我走进校办公室，宣布自己正式辍学。对此我感到无上欢喜，且没有一丝悔意。

也许除了一点。在我就读伊曼纽尔的第四年，因为选了"文科"，我需在德语和古希腊语之间做选择。我从入学第一年起就与大家一道学习了法语和拉丁语；但到了十四岁，人们认为我已有了"正经地"学习一门语言的基础。对选课问题未多加思索，我毅然选择了德语。

---

1 高级程度考试（A-level），英国从 1951 年起实行的考试制度的一部分。该制度中，学生在十六岁时参加普通程度考试（O-level），其后可继续两年大学预科学习，参加高级程度考试后，便可投报心仪的大学。

那时在伊曼纽尔教德语的是保罗·克拉多克：三代男生嘴里的"乔"。他瘦骨嶙峋，愤世嫉俗，据说挨过了不知哪场战争，好不容易活了下来——至少这是他为自己脾气乖戾、缺乏幽默感找的理由。然而，乔很善于讽刺愚蠢的行为，且是一个——后来我发现——极通情理的人。然而他的外表——从脚上超大的粗革皮鞋，到头顶纷乱稀疏的头发，整整 6 英尺高——在十几岁的男生们眼里，却是很吓人的：他简直就是教育界的一笔无可限量的财富。

仅仅接受了两年高强度的德语学习，我就已经有了很高的德语水平和语言自信。这不是因为乔的教学法有多奇特。我们每天无论在家还是学校，都要花许多个小时在语法、词汇和文体上。日常还有记忆、论证和理解方面的考试。一旦出错，惩罚是无情的：20 分的生词默写如果得了不到 18 分，便是"蠢货"！复杂的语文考试中，表现稍有差池便会成为"点不亮的 Toc-H 灯"[1]！（这句话典出"二战"时期，只有 1948 年左右出生的我们这一代青少年才明白是什么意思。）交上去的作业一旦有瑕疵，乔就会一边愤怒地大摇其灰白头发的脑袋，一边暴跳如雷地奚落个半天，接着还要罚学生放学后留校，再做好几个小时的语法练习。

---

1 "Toc-H"是 20 世纪 20 年代在伦敦成立的一个战士联谊会，会标是一盏油灯，非常暗。这句话意指一个人"反应慢、愚钝"。

我们都怕乔，然而同时，我们也都崇敬他。每回他走进教室，先听见他僵瘦如柴的四肢咔吧咔吧地响，接着就看见那凶神恶煞般的如炬目光和颤抖着的身体，于是我们就无一例外地安静了。没有一句表扬，没有一点儿温煦的熟络感，没有任何缓和气氛的举动，乔径直走到讲台前，把书拍在桌上，然后立即将自己投向黑板（或将粉笔投向某个注意力不够集中的小孩），倾囊而出：献给我们整整50分钟高强度、无休止、实打实的语言教学。拉丁语课上，我们还在学无聊的《高卢战记》；法语课上，我们花了五年时间才达到全国普通等级考水平，并一直在止步不前地翻译圣埃克絮佩里的以及类似的低难度作品。然而德语学习的第二年过半后，乔就已经将我们调教得能够轻而易举地翻译卡夫卡的《变形记》并真正享受翻译的过程了。

虽然我在他班里属于（相对而言）较差的学生——都怪当时我因为对犹太复国主义的兴趣而分了心；但有一门课除外，我的普通程度考试的德语成绩比其他科目的成绩都要好（且远远好于我的法语和历史成绩），因此保住了自己在班上第二梯队的位置。乔对此照例很失望：他无法理解自己带出来的学生在德语方面何以无法跻身全国一流。我于1964年6月停止了德语学习。45年后的今天，我的德语仍能凑合着说得像模像样，尽管如果太长时间不说，还是会出现一些短暂的记忆差错。倘若那以后陆续学的其他语言也都能说到这个程度，我也就满意了。

乔这样的老师现在是行不通的。他不必在现代高中教书糊口是很幸运的事——即便以当时的标准衡量,他就已是出了名的"政治不正确"。由于他明白,唯一能够妨碍他成为我们注意力中心的只有异性对我们的吸引,因此,他对我们初萌的力比多采取了严厉的斥责:"想跟女生玩儿的话就别浪费我的时间!女孩子什么时候想要都能有,但学习这门语言的机会就只有这一次,而你们又没能力一心二用。只要被我看见跟女生搞在一起,你就给我滚吧!"我们班其实只有一个人真的交了女朋友,但是他太怕乔知道这件事,以致那可怜的女生被严禁踏入学校方圆两英里之内。

如今,都没人在中学里学德语了。大家似乎都普遍认为,年轻人的脑子一次只能掌握一种语言,而且所学的语言越简单越好。在美国的高中里,学生被要求相信自己的成绩已然非常出色,或至少相信自己已经竭尽全力。这种现象在英国成绩差得骇人听闻的免试高中里也一样严重。教师不得区别对待学生:像乔那样称赞一流表现、贬损差劲学生的做法,已经被社会全面否定。学生们绝少再被鉴定为"垃圾!"或"渣滓!"了。

畏惧已经打了折扣——同样打折扣的还有毫无保留地努力学习语言后得来的成就感。乔在漫长的教学生涯中,实际上从未动过学生们一个指头;他的教室,就在大家一致认为是同性恋的副校长指定为体罚场地的浴室隔壁,而他对体罚向来是公开鄙夷的。

然而如今,一个老师即便再懂得拿捏分寸,也不能像乔那样运用身体的恐吓和道德的羞辱("你这个十足的废物!")来达到成功教学的目的了。

在我那令人不快的校园回忆里,只有在残酷打压下学习德语的那两年,得到了我毫不含糊的肯定。我不认为自己有任何受虐倾向。之所以会满怀情感和欣赏地想起"乔"·克拉多克,并不仅仅因为他能将我吓得魂不附体,也不只是因为我曾因深恐第二天被斥为"垃圾"而分析德语句型直到深夜一点,而是因为他是我最好的一位老师;而一所学校唯一值得被记住的,便是它给予过你的良好教育。

# 基布兹[1]

我的 60 年代与同龄人的有些不同。当然，我也迷披头士，也用软性毒品，也持不同政见，并且同样加入了性解放的时代狂潮（这最后一个狂潮，与其说真有什么行为上的"加入"，不如说只是进行了"想象"更贴切，我想在这点上大多数人同我是一样的，然而即便如此，那个年代还是被"神化"为了性解放的时代）。但就政治运动而言，1963 年至 1969 年间，我曾偏离社会主流，全心投身左翼犹太复国主义麾下。我在 1963 年、1965 年和 1967 年这三年的夏天前往基布兹劳作，并利用其间的大把时间，为广招

---

[1] 基布兹（kibbutz），希伯来语"集合、扎堆"之意，是以色列一种以农业为基础的合作社性质的集体社区，或称"公有制集体农庄"。

信徒的劳工犹太复国主义无偿负责某少年分支的管理组织工作。1964年夏，我在法国西南部一个训练营，为成为领导人而接受"预备训练"；1966年2月至7月，我在上加利利地区一个叫作玛哈纳耶姆的集体农庄做全职工作。

过激且煽情的教育一开始很有效。至少，1967年夏天，我停止合作社的义务劳动、调去辅佐以色列武装力量时，曾是个理想的信徒：善言、忠实、意识形态上高度服从。就像昆德拉在《笑忘录》里写到的跳圆圈舞的年轻人一样，我与怀着同志般友情的人们一起在集体中沉醉，排除异己，为我们有着统一的精神、目标及服装而庆祝、欣慰。我将犹太民族的独立理想化了，本能地领会并彰扬着复国主义对分离与民族差异的强调。我甚至——在十六岁这个年轻得令人脸红的年纪——被邀请在巴黎举行的一个复国主义青年团大会上发表重要讲话，斥责吸烟为"资产阶级的不良行为"，是对犹太青少年户外活动积极性的威胁。即便在当时我都怀疑我是否相信自己说的话（不管怎么说，我自己就吸烟）：不过我演讲的能力倒真的很强。

那个时代的劳工犹太复国主义仍忠于创建之初的"教义"，其核心内容乃是犹太教典籍中的一句许诺：它将把散居海外的年轻犹太人从没落与被迫同化的生活中拯救出来，送到遥远的巴勒斯坦农村地区集体居住——在那里建设（并像"教义"所说的那样，"重建"）一个无人搅扰也与世无争的农业社会。劳工犹太复国主义因为融会了 19 世纪早期的乌托邦社会主义思想以及之后俄国出现的平等村社的神话，其信众具有分裂为几股相互冲突的派别的特点：一部分人认为基布兹的每个居民都应有一致的服装，共同饮食，共同养育后代，使用（但不拥有）同样的家具和日用品，甚至阅读同样的书籍，每周按规定举行集会，对生活各方面事务做出决定；温和派的中心"教义"则允许稍有不同的生活方式以及拥有少许私有物品。另外，基布兹成员之间还充满了各式各样的小分歧，虽然其表现为对原教旨的理解不同，但实则往往由个人或家庭的内部冲突引起。

不过，大框架上的道德目标是一致的：让犹太民族回到故土，停止漂泊无依的民族退化。对一个初皈此派的十五岁伦敦少年来说，这个承诺是激动人心的。它是"犹太民族性势力"最具诱惑力的一次伪装：它躲在健康、多产、强健体魄、共同奋斗、自给自足以及对分离主义的自豪之中——对作为孩子的犹太人来说，它尤其魅力无穷，因为我们将是第一代基布兹，它将令我们摆脱欧洲同龄人的所有顾虑与禁忌（我们也将不会有像他们一样多的文化包袱——当然，那时我还尚未开始为文化包袱犯愁）。

我曾热爱这种主义：喜欢在加利利海边蒸笼一般的香蕉种植园里，连续八小时进行高体能消耗的纯体力劳作，喜欢劳作间穿插的歌唱和远足，喜欢长时间的"教义"讨论（全程有人极为小心地控制局面，以降低有青少年反对的风险，使"共同目标"这出戏演得更鼓舞人心），喜欢到处都有性爱无罪的暗示：那时的基布兹和它的意识形态仍暧昧地承认着20世纪早期激进派所谓的"自由爱"的纯洁性。

然而现实中的基布兹只是些民风相当保守的小地方社群，社群意识形态僵化背后的原因，其实是因为其成员的眼界太窄。以色列经济不再依赖国内的小规模农业，这一点在20世纪60年代中期就已相当明显；左翼基布兹运动反对征用阿拉伯劳动力，实质上只是闭眼不看中东问题，并没有将他们的平等主义信条发扬光大。我当时就无法对这些完全苟同，并且我记得，自己那时候还在奇怪，为什么身处这个国家阿拉伯人口最密集的地区附近，却从未在长期逗留基布兹期间遇见过哪怕一个阿拉伯劳工。

我虽未公开承认，却的确很快就看明白了基布兹和其成员的狭隘。单单是集体自治和平等分配耐用消费品，并不代表你更优越、更包容。相反，它助长的是极大的自恃和自私，恰恰是对最糟糕的民族唯我主义的强化。

时至今日我仍记得，当时自己多么惊讶于基布兹伙伴们对外界的了解之少、热情之低——除了直接关系到自身以及他们国家的事。他们只管农田，只关心邻居的配偶和财产（且都要满怀妒意地与自己的配偶和财产做比较）。性解放呢，至少在两个我长期待过的基布兹中，表现为婚姻不忠、随之而来的闲话以及相互之间的谩骂，从这方面看，这些模型阶段的社会主义社会与中世纪农村倒是很相像，触犯众怒的行为一旦被披露也会产生相似的后果。

结果，这些观察导致我在面对犹太复国主义幻想时，有了一种认知失调。一方面，我要把基布兹作为犹太教的生活方式与更高层面的犹太教的具象来信奉，加上我本人一贯教条主义，轻而易举就让自己保持了多年对基布兹原理优点的信仰。然而另一方面，我本心却一点儿也不喜欢它。我总是迫不及待地在结束了一周劳动后的安息日，搭顺风车或巴士离开基布兹去海法（离上加利利最近的大城市），一边猛喝酸奶，一边从码头忧伤地望着发往法马古斯塔、伊兹密尔、布林迪西等大都市的渡船。那时的以色列就像监狱一般，而基布兹就是这监狱里挤满了囚犯的牢房。

由于两件全然不同的事，我摆脱了这个困扰。首先是被剑桥大学录取。当我的基布兹同事们得知这一消息时，大家全都震惊了。整个大迁徙的文化——"归升"（回到以色列）——意味着必先断绝回到散居状况的一切通路和机会。当时的青年运动领袖们心里完全明白，身处英、法的少年一旦被当地大学录取，便永远不会回到以色列了。

于是相应的，官方主张被大学录取的犹太青年放弃自己在欧洲的学位；投身基布兹劳作，花几年时间采橘子、开拖拉机、分拣香蕉；接着，如果情况允许，再向社团证明自己有接受高等教育的资格，且必须明白，所学的科目将根据候选者将来对集体所要起的作用，由大家集体决定。

简单说来，我如果走运，可能会在二十五岁左右被送到以色列的大学，读比如说电气工程这样的专业。如果有天大的运气，且同志们对我百般溺爱，也许会被送去学历史，以便日后成为一名小学历史教员。在十五岁时，这样的一个未来对我来说是美好的。然而两年后，勤奋读书、好不容易进入国王学院的我再也没有放弃机会的念头，也不想再将自己放逐到种田的生活中去了。基布兹社区对我的决定表现出极大的费解和明显的蔑视，这只能让我越发疏远他们的社群民主理论与作为。

另一个刺激我放弃信仰的因素，是"六日战争"[1]后我在戈兰高地与军队在一起时的经历。我在那里惊讶地发现，大部分以色列人并非离开故土的现代农业社会主义者，而是一些心怀偏见的城市犹太人，他们与欧美城市青年主要的不同，一在于他们有大男子主义的刚愎自用，二在于他们随时能荷枪实弹。他们对于彼时刚刚战败的阿拉伯人的态度令我震惊（也证实了许多年来我所

---

[1] "六日战争"（Six-Day War）是以色列对第三次中东战争的称法。"六日战争"发生在以色列和毗邻的埃及、叙利亚及约旦等阿拉伯国家之间。战争从1967年6月5日开始，共进行了六天，以埃及、约旦和叙利亚联军被以色列彻底打败告终，故称"六日战争"。

信仰的基布兹只是一种错觉）；他们谈到未来将要占领并主宰阿拉伯土地时的漫不经心，即使在当时也令我胆寒。回到当时逗留的基布兹后——位于加利利的哈库克海滩——我感觉自己已然成了一个陌生人。此后没过几星期，我就背起行囊回家去了。两年以后的1969年，我与当时的女友一起回到哈库克。重访玛哈纳耶姆时，我遇到了过去一道采橘子的"尤利"。然而他没有认出我，更没有像往日那样问候我，只在经过我们时停下来问了一句："你在这里干什么？"[1] 对啊，我究竟在那里干什么呢？

我不认为那些年被浪费或错付了。相反，如果那十年我跟随了时代大流，或许不会学到这么多，不会有如此丰富的记忆。踏入剑桥之初，我就已经经历——并领导——过一次理想主义的运动，而我的同龄人对这种运动则大多只有理论层面的认识。我已经明白了什么叫"信徒"，也同时明白了这样激烈、极端的身份认同和毫无保留的忠诚，要求一个人付出多么大的代价。在二十岁以前，我就已经历了对犹太复国主义和社群主义定居生活从信奉、跟随到放弃的全过程：对一个来自伦敦南部的少年来说，已算是不少的经历了。

也因此，相比我在剑桥的同代人，我对新左派的狂潮和诱惑

---

[1] 此处原文为希伯来语的发音：Ma ata oseah kan？

有更强的免疫力，对自它衍生的更激进的主义，如极右主义等就更兴味索然。同理，学生组织的反资本主义运动对我毫无号召力，更勿论马克思女性主义乃至一切性别政治。我曾经并且一直都对任何在身份差异上做文章的政治抱着怀疑态度，特别是拿犹太身份做文章的政治。劳工犹太复国主义最终让我变成了一个普世主义社会民主人士——也许有点儿早熟。这是一个无心插柳的结果，倘若我在以色列的老师中有谁关注了我的职业发展，定会感到惊恐万状。当然，他们是不会关注我的。因为对他们来说，我已被正信抛弃，与死人无异了。

## 铺床工

我小时候从没用过仆人。对此没有什么好惊讶的：首先，我家只是中下阶层的小家庭，住在中下阶层人住的小房子里。战前时期，这样的家庭大多只雇得起一个女佣，至多再有一个厨子。真正的中产阶层境况当然要好得多：一个专业人士在楼上楼下分别雇一批用人是常有的事。其次，20世纪50年代的税收和涨薪使家政服务员成了只有富人才雇得起的稀有"产品"。我父母的能力到极限只够找个白天带我的阿姨——当时我小，母亲又上班。后来经济改善了，又用过一系列女互惠生[1]。除此之外，偶尔还雇

---

1 互惠生（Au Pair），源于法语，本意是"平等的"和"互惠的"。"互惠生"是指当时加入计划的青年与寄住家庭在一个互惠互利的关系上生活。寄住家庭为互惠生提供一切生（转下页）

一个清洁工,再多就没有了。

因此,我初上剑桥时简直没有心理准备。为了保持传统,牛津、剑桥都常年聘请专门照应学生的职员。在牛津,他们是"舍监";在剑桥,则叫"铺床工"。名字不同仅仅是因为习惯不同——虽然也暗示出二者需要履行的"照看"程度有微妙差别,但两者的工作性质是相同的。铺床工与舍监同样需要在宿舍中备炉火(在大家还在用壁炉取暖的年代),打扫年轻先生们的房间,整理他们的床铺,换洗床单被套,替他们为一些小东西跑跑腿,并提供一切他们在长大成人的过程中应该业已习惯了的服务。

当然,这一工作还暗示着其他一些假设,亦即牛津、剑桥的学生没有从事这类"低等工作"的能力,因为他们从来没做过这些事,也因为他们的兴趣与雄心所在使他们不屑为这样的事操心。铺床工还有一个职责,也或许是最重要的一个,便是约束她所照管的男生们的道德状况(牛津的舍监有时为男性,虽然这种情况到20世纪60年代后已越来越少;而剑桥的铺床工,至少在我的经验里,则清一色都是女性)。

1966年我来到剑桥时,铺床工这一岗位及其职责,虽然尚未完全为时代淘汰,但已与当时迅速更易的文化习惯有所不符。至

---

(接上页)活所需,每月会给他们零用钱。相反地,学生则为家庭照顾孩子,做简单的家务。互惠生一般是年轻女孩,有时也有年轻男孩,他们被寄住家庭视为家庭的一员。

少在国王学院，越来越多的学生自己家里从没用过仆役；第一次见到任我们"使唤"的铺床工时，大家都感到了不小的疑惑。

大多数铺床工都是同一年龄段的妇女，来自世代都在大学供事的本地人家，十分熟悉"服务"之道和主仆之间威严与谦卑的微妙互动。20 世纪 60 年代中期，大学职工里仍有些从 1918 年停战后就在任的铺床工。她们对十几岁的年轻人了若指掌，且因为在年龄上比我们的母亲大许多，很容易就使我们恰如其分地产生混杂了尊敬与喜爱的感情。

然而，也存在新来的、较年轻的铺床工。她们与那些前辈属同一社会阶层，而且也来自东英吉利的农村地区，她们眼里的我们无疑都是些娇生惯养的异类，事实也的确如此。但从我们这方面来看，她们则个个令人充满新鲜遐想：一个女孩，常常只比我们大几岁，日日清晨来到我们的寝室，让自己"派上一点儿用场"。"用场"，当然只局限于跟在我们后头收拾起居：当"拖把女士"（有时也可能是"拖把小姐"）好心地在我们脚边忙忙碌碌，丰满的身躯处在一个任我们遐想而实则遥不可及的位置上时，我们一个个都竭尽所能地装绅士，窝进扶手椅中喝咖啡、看报纸，尽量显得若无其事。

对铺床工是不能乱来的，她们对我们也一样，虽然主仆双方似乎都喜欢假装这一禁忌并不存在。仅门第之别一项就足以约束女佣一方（何况还有被解雇的风险）。而学生呢，即便是从未亲身经历过这样主仆关系的人，对这一社会文化现象的学习曲线也往往能显示出相当高的斜率。通常，所有的人到了第一学期末便都能像生而为贵族的人一般对待他的铺床工了。

一旦两性间发生有失体统的事，铺床工有义务强制执行学院在伦理方面的条例和准则（通过将有失体统的行为上报）。当时，牛津、剑桥的大部分学院严禁女生在男生寝室中过夜，且规定女生必须在晚间十一点前离开校园或宿舍楼：校方严格按照字面意义履行了它作为"托管机构"的"监护权"。然而在这一点上，正像在许多别的方面一样，国王学院却有所不同——这种不同并不表现在它的明文规定上，而是更多地表现在对违规行为所采取的漠视态度上。

于是，我们中大多数人实际上都留宿过女孩（偶尔还留宿好几个，虽然并非每一个都能留宿成功）：有时是来自三个女校之一的同学，有时是实习教师或在城里工作的护士，我们各自家乡的访客也不在少数。学院院长和导师们对此睁一只眼闭一只眼：他们自己都是中产阶层文化人，即便在生活方式上看不出，也都怀有波希米亚情怀，在理应强制执行的规定被钻了空子时，反而都仁慈笑对——他们明白，学院一直在小心为自己培植激进、另类的形象，强调自己在性接触上一直以来的宽容态度（虽然至当时为止都只是对同性之间的宽容）。

铺床工的看法当然不一样。就像大学门卫和行政人员一样，她们中的许多人甚至比她们的雇主在大学里供职的时间都要长。她们需要下对学生形成非正式监管，上将学生的行为报告给教师，然而出身工农阶层的她们，比所监管的知识分子和接受她们报告的中产阶层教授都要保守许多。于是，她们被夹在了调皮的男生和姑息的教师之间，幸好还有道德纲常和公众舆论可以依靠。

然而到了60年代，老规矩派不上用场了，至少是难以贯彻了。一套不成文的新规则出现了，这规则很像共产主义国家后期为求生存而采取的做法：我们假装遵命，你们假装相信。我并不认为我们中有许多人——即便到了1968年——能厚颜无耻到不仅让铺床工抓到留宿女孩的痕迹，还让她逮着女孩本人。但我们的确不再认为有必要多此一举地努力掩盖偶尔出现的精致女装，以及其他一些可能会招来校方责难的有伴过夜的证据了。我们都装出一副铺床工只知道我们过着心无杂念的生活的样子，反过来，铺床工——与我们相互配合，且多少觉得我们的行为挺有趣——也并不采取任何措施来纠正我们。

我只给我的铺床工惹过一次麻烦，那天晚上，我——相当反常且出于某个我记不起来的原因——烂醉如泥地回到寝室，直接瘫倒在床……并在一摊呕吐物中醒来。第二天早晨，我的铺床工，一个名叫罗丝的老员工，默不作声地瞥了一眼便投入了工作。不到两小时，我已洗漱干净、穿戴整齐，坐进了我的扶手椅，手里拿着咖啡，嘴里尴尬地支吾应对着。罗丝则一边若无其事地聊自己儿媳在超市的繁重工作，一边镇静自若地将我的床和它周围的环境恢复到了原状。此后她从没再说起此事，我也只字不提，我们之间的关系也一切如常。

那年圣诞节，我好像给了罗丝非常大的一盒巧克力。我不知再怎么谢她：她很穷，或许更喜欢钱，但校方对给钱是反感的，而我自己在钱这方面也并不比她更富余。我与她之间，除了与文化的亲疏有别外，唯一的区别在于未来的不同，而非当时的境况。这一点我们都明白，当然她无疑比我更明白。

十年后，我自己变成了校方，可以说变成了雇用罗丝的人。作为国王学院的研究员及暂任的助理院长，我偶尔也得惩戒严重违纪的学生。有一次，我在履行这一职责时，负责调解一群70年代末入学的大学生（男女参半，国王学院已在1972年改为男女混校）和一个铺床工之间的纠纷，后者看见前者赤身裸体在校园的草坪上蹦跳嬉戏，觉得自己受到了侮辱。学生们表示费解至极：在那样一个后权威时代，他们根本想不通为什么会有人反感这一行为，更别说理解它有什么"不当"了。正像其中的一个学生对我解释的那样，他们又不是在"野战"——此语引自保罗·麦卡特尼，他们认为一个60年代毕业的学长必然理解这句话，这么想倒不无道理。

然而铺床工的伤心却难以化解。她对裸体并不陌生。她曾亲眼看过几代校橄榄球队员醉酒后穿着内裤追跑打闹，直到不省人事。但这次性质不同。首先，事件中有女生参与，这令她不快。其次，竟然没有一个人至少装模作样地想办法掩饰一下。最后，他们居然还对她的不快加以嘲笑。一言以蔽之，他们打破了双方关系的规则，使她觉得受了侮辱。

后来我们发现，这些学生中多数人来自公立学校：均背景平凡，是家中第一代靠考上国王学院而提升了社会地位的人。而这一点也让铺床工觉得不快。在老派年轻绅士那儿受了委屈是一码事——这些人翌日早晨一般都会道歉，并以一份礼物甚或一个热切而懊悔的拥抱来表达自己的悔意。可是新派学生却对她平等以视，而恰恰是这一点对她造成了最大的伤害。铺床工和大学生是不平等的，且永远也不会平等。然而按照过去的传统，铺床工至少有权得到大学生的包容与尊重，即便只在他们就读的年间。如果连这一点也没了保证，做一份低回报的仆役工作还有什么意思？到了那时，主仆关系将退化成简单的劳资关系，那她真还不如去老家的罐头厂上班呢。

如果我自己没有受过末代贵族品德的教育，也许就不会察觉到这件事的微妙内涵。我试着对学生们——只比我小十岁的学生们——解释，究竟为什么这位年届中年的女士如此恼怒、如此生气。然而他们却一味觉得我只是在一个人人声称平等的时代为合同奴役制寻找借口罢了。作为受益人,他们的矛头当然并不针对铺床工这一工种。他们只觉得应该给这些妇女多一点儿工钱:仿佛这样,她们就能对阶层差别的伤害和因地位丧失而引起的虚荣心受创习以为常似的——她们为之铺床的孩子们再也不需要对她们表现出礼貌和体贴了。

这些学生忠实地反映了时代的气象。他们其实与经济学家无异——虽然动辄提出激进的主张——认为人际关系应该被简化为对自身利益的合理计算。所以在他们看来,铺床工如果能多挣两倍工资,当然会很乐意对冒犯了自己的行为视而不见。

如今想起这件事,我发觉反倒是铺床工对人类交流的核心内涵有更深的把握。学生们却只是不自知地模仿了一种简单、贫瘠的资本主义看法:注重生产单位对个人利益的最大化,而对群体、公约采取漠视态度。他们的铺床工却相反。虽然她也许识字不多、受教育程度不够,但她凭借本能,准确无误地理解了社会交往的实质,理解了支撑它的不成文的种种规则,以及它赖以存在的人类的天赋道德。她当然没听说过亚当·斯密,但这位《道德情操论》的作者却是一定会为她鼓掌的。

## 巴黎已成明日黄花

　　法国知识分子怎么了？曾经我们有加缪，"（他是）诸多道德家的当代继承人，无论如何，他的作品在法国文学中或可独据一席"（萨特语）。我们有萨特本人。我们有弗朗索瓦·莫里亚克、雷蒙·阿隆、莫里斯·梅洛-庞蒂和"无可名状的波伏瓦女士"（阿隆语）。接着又有罗兰·巴特、米歇尔·福柯和备受争议的皮埃尔·布迪厄。他们都凭各自的才华，获得了至高的地位。然而，这些人无论是小说家、哲学家，抑或被简单描述为"文字的驾驭者"，也同时，且首先，是法国的知识分子。

　　现世在法国之外当然也存在具有相当地位的知识分子，比如尤尔根·哈贝马斯（Jürgen Habermas）或阿马蒂亚·森（Amartya Sen）。但当我们提到哈贝马斯时，我们最先想到的是他社会学家的身份。而阿马蒂亚·森虽是印度过去半个世纪对外输出的文化界领军人物，但整个世界都只知道他是经济学家。或者不看他们——再翻箱倒柜找一找——我们还有个斯拉沃热·齐泽克（Slavoj Zizek），但他失禁般连篇累牍的言谈似乎只是为了戏仿、讽刺大众流行文化而作。齐泽克——或安东尼奥·奈格里（Antonio Negri）——这样的知识分子之所以以知识分子之名为人所熟知，似乎只是因为他们……有知识，就像帕丽斯·希尔顿有名就是因为……她有名。

所以，要找真正的知识分子，大多数人仍将目光投向法国，或更准确地说，投向巴黎：那里有阿兰·芬基尔克罗（Alain Finkielkraut）、朱莉娅·克里斯蒂娃（Julia Kristeva）、帕斯卡尔·布吕克内（Pascal Bruckner）、安德烈·格卢克斯曼（André Glucksmann）、雷吉斯·德布雷（Régis Debray）和贝尔纳–亨利·莱维（Bernard-Henri Lévy），这些目前最为人瞩目的巴黎知识分子，通过在一系列或具争议性或具流行性的话题中贡献自己的言论而出名，个个都像那些比他们更杰出的前辈一样，能够满怀自信地大谈各种公共、文化事务。

为什么这种能力在巴黎比在其他地方更受尊崇？你很难想象一个英美导演会像埃里克·侯麦在《幕德家的一夜》（1969）中那样，从帕斯卡尔的上帝之赌一路谈到列宁主义革命的辩证法，却任由让-路易·特兰蒂尼昂为是否同弗兰西丝·法比安睡觉而痛苦纠结长达两小时。在这部电影中——正如那个时期的许多其他法国电影中一样，犹疑不决代替行动，成了情节的推动力。一个意大利导演多半会在戏中加入性爱，一个德国导演八成会加点政治，而对法国人来说，纯粹谈概念就足够了。

法国文艺界有着让人无法抵挡的魅力，这一点毋庸置疑。20世纪中期的三十余年，从布宜诺斯艾利斯到布加勒斯特，所有文化人在心理上都生活在巴黎。因为巴黎思想家穿黑衣、抽吉坦尼斯牌香烟、谈理论、说法语，我们便都跟着学。我很清楚地记得，自己在左岸遇见来自英国的学生时，立即很自觉地说起了法语。这当然有些费神，但我乐此不疲。

"知识分子"一词竟如此被重用，在民族主义作家莫里斯·巴雷斯（Maurice Barrès）看来，一定是个有意思的现象——他于历史上第一次使用该词，称呼包括埃米尔·左拉、莱昂·布鲁姆（Léon Blum）在内的拥护"犹太叛国者"德雷福斯[1]的人时，本是为了嘲讽他们。从那以后，"知识分子"便开始运用自己在学术、艺术界的地位，不断"干预"各种敏感政治事件（如今，巴雷斯自己也要被划归"知识分子"了）。然而，所有这些知识分子几乎都毕

---

[1] 阿尔弗雷德·德雷福斯（Alfred Dreyfus，1859—1935），法国犹太裔军官，1898年被误判叛国罪，史称"德雷福斯事件"。德雷福斯于1906年得到平反。

业于同一个声名显赫的小学院：巴黎高等师范学院。这绝非巧合这么简单。

要理解法国知识分子的奥秘，必须先从巴黎高师说起。该院创办于1794年，旨在培养中学教师，后逐渐成为出产共和国精英的温床。1850年至1970年间，只要在人类文明方面有突出表现的法国男性，个个都毕业于巴黎高师（学校直至近来才开始招收女性）：从巴斯德到萨特，从埃米尔·涂尔干到乔治·蓬皮杜，从夏尔·佩吉（Charles Péguy）到雅克·德里达（第一、二次都落榜了，第三次才终于考上），从莱昂·布鲁姆到亨利·柏格森，还有罗曼·罗兰、马克·布洛克、路易·阿尔都塞、雷吉斯·德布雷、米歇尔·福柯、贝尔纳-亨利·莱维以及所有获得过菲尔兹奖的一共八名法国数学家，全数毕业于巴黎高师。

1970年，我作为留学生来到巴黎高师时，它仍占据着学术权贵的地位。它与巴黎许多大学不同，竟是一所寄宿制大学，位于巴黎第五区一处安静的所在。每个学生有一间自己的房间，位于一个当中有公园般广场的巨大四合院型建筑中。除了宿舍外，校内还有休息室、大小教室、一间大食堂、一个社科类图书馆和一个文学图书馆：一间从便捷度到馆藏都无可比拟的超大型开架式图书馆。

美国读者对举国上下——从康涅狄格州到加利福尼亚州的

赠地大学[1]——的图书馆均有大量馆藏的条件已习以为常，也许并不能领会其中的意义：须知，大多数法国大学的规模只与美国一所低投入的社区大学相当。然而，高师学生的特别待遇，还远远不止他们的图书馆和寝室。进入高师曾经（且仍然）是非常艰难的。一个高中毕业生要想获准就读，必须牺牲额外的两年时间，以海量填塞的方式（一群鹅的画面跃然眼前）学习法国古典文学或现代科学知识。接着参加入学考试，考分在所有应考者中的排名将公布于众。高师将录取前100名学生；只要学生毕业后肯进入国家机构任职，其一生的收入也就有了保证。

于是，可以说在多达6000万的总人口中，这所精英人文学院一次只培养300名学生。这就好比把全美国所有高中毕业生都用一只过滤器过滤一遍，滤得不足1000人进入一所萃取了哈佛、耶鲁、普林斯顿、哥伦比亚、斯坦福、芝加哥和伯克利大学地位与特色之精华的学院。此种情况下，高师学生自视甚高就一点儿也不奇怪了。

我在高师遇到的人远不及我在剑桥的同龄人成熟。考进剑桥

---

[1] 1862年，美国国会通过了《莫雷尔法案》(Morrill Land-Grant Colleges Act)，规定各州凡有国会议员一名则拨联邦土地3万英亩，用这些土地的收益维持、资助至少一所学院。这样办起来的学院、大学称为赠地大学（land-grant university）。

绝非易事，但这并不会剥夺一个年轻人多彩的青春。然而，高师的学生却无一不为了入校而牺牲了自己的青少年时期，且这种牺牲的成果一目了然。令我吃惊的是，我的法国同学们总是能大段大段地死记硬背，这也暗示着他们所学的这些过于浓缩的丰富知识，或许有时也令他们难以消化。真让人忍不住想到鹅肝酱。

然而，这些法国未来的知识分子虽然在文化方面学养丰富，却似乎常常缺乏想象力。我在高师的第一顿早餐就很能说明这个问题。我坐在一群胡须未刮、睡衣未换的一年级生对面，埋头喝着咖啡。突然，一个长得像托洛茨基的青年热切地靠过来（用法语）问我："你是在哪里上强化班的？"——强化班指公立高中毕业后的两年高强度准备课程。我解释说我没有上过强化班：我是从剑桥过来的。"啊，所以你是在英国上的强化班。""不不，"我继续努力解释道，"我们不上强化班，我是直接从一所英国大学过来的。"

青年怀着灼人的鄙夷看着我。这是不可能的，他解释说，不可能不先上强化班，就能进巴黎高师。既然你已经进来了，就说明你上过强化班。抛下这番华丽的笛卡儿式论断后，他转身与更值得交谈的对象对话去了。既眼见、耳闻到最直接、最无须推敲的事实，又将由准则所推出的结果作为定论，这种"现实与理论脱节"的现象，似乎就是法国知识分子界最基本的公理。

1970年的高师有许多人自诩"毛主义者"。其中有个天赋极强的数学家，不厌其烦地跟我解释为什么文学图书馆应该被夷为平地："让我们将过去完全抹掉吧。"他的逻辑无懈可击：过去是妨碍革新的绊脚石。我发觉自己竟无法解释为什么夷为平地也并不能解决问题。最终我只好告诉他，再过几年他的看法会不一样。"这是个很英国式的结论。"他告诫我说。

我的"毛主义"朋友和他的同志最终也没有把图书馆烧掉（虽然有天晚上的确也在百无聊赖间尝试过要洗劫它）。与德国、意大利大学生们不同，法国激进派大学生的运动从来都止于革命理论，绝不越入暴力行为。这是件很有意思的事：我在法国的那些年，革命的声音的确高涨，"毛主义"师范生们也时常"占领"食堂，将之涂满各种标语，因为墙壁也有话语权。然而，他们却没能与附近索邦大学同样"激愤"的学生们团结起来。

我们对此没有必要感到奇怪。正如皮埃尔·布迪厄（又一个师范生）所说，在当时的巴黎，一个高师学生所具有的文化资本，是相当傲人的。师范生们颠覆世界后所失去的，比欧洲其他任何一个地方的大学生都要多，而且他们很清楚这一点。那种（中欧国家出产的）漂泊城客——身处无情社会、受到国家打压、与体制相冲突的多余人——的知识分子形象在法国是不适用的。再没有哪里比法国更像知识分子自己的家了。

1924年进入巴黎高师的雷蒙·阿隆在《雷蒙·阿隆回忆录》

里写道:"我从来没在一个这么小的地方看到过这么多知识分子。"这话也是我的心声。我所认识的大部分高师学生最终都步上了辉煌的学术或公共事务生涯(贝尔纳-亨利·莱维是个突出的例外,不过我认为他同样也达成了不辱校誉的成就)。然而,除了个别几个尤其出色的人不落窠臼外,他们这个群体中的人大多有着惊人的一致性:有天赋、脆弱且出奇地狭隘。

在我年轻的时候,法国曾是世界知识分子的中心。如今,它在国际对话中似乎被挤到了一边。法国知识分子仍偶尔迸发热量,然而他们所发出的光却来自一个遥远的星体——那星球或许早已熄灭了。其结果是,如今在法国,青年欲有所成,都会转而投考法国国家行政学院:一个培养官僚的好地方。不然便读商校。年轻的高师学生仍一如既往地优秀,然而,他们在公众生活中的亮相却越来越少(芬基尔克罗、格卢克斯曼、布吕克内、克里斯蒂娃都不是师范生)。这一点实在可惜。知识分子的光辉并非法国唯一的王牌,然而它是特色——就像法语本身是特色一样,虽然法语现在也不景气了。法国人难道安于变得和我们一样,只要不完全一样就行了吗?

回忆我在高师的日子,我不禁想起一个工程师(毕业于巴黎综合理工学院,该校在应用科学领域具有巴黎高师在人文科学领域的同等地位)的故事来。1830 年,这个工程师被法国国王送去看乔治·斯蒂芬森(George Stephenson)的火箭号在新开通的曼彻斯特至利物浦轨道上运行的情况。法国人坐在铁轨边记下了一篇又一篇的笔记,与此同时,大力士般的小机车带领着世上第一辆火车在两座城市间做着无懈可击的往返。在一丝不苟地考量了所观察到的整个运行状况后,他回到巴黎汇报调查结果:"这东西是不可能的,"他写道,"它不可能正常运转。"真不愧是个法国知识分子。

# 革命者

我生于1948年,以数年之差躲过了强制征兵,又正好赶上披头士:我十四岁那年,他们发行了《请爱我》(*Love Me Do*)。三年过后,世上第一条超短裙出现了:我的年龄不大不小,正好懂得欣赏且可从中获利。我成长于一个繁荣、安稳与舒适的年代,于是,1968年,二十岁的我革命去了。像许许多多在婴儿潮中出生的养尊处优的孩子一样,我也服从到了反抗中去。

20世纪60年代对年轻人来说无疑是幸福的。事物前所未有地瞬息万变,世界仿佛被年轻人占领了(这一观察有待统计学方面的核实)。然而从另一方面说,改变也可能是虚而不实的,至少在英格兰是这样。工党政府支持林登·约翰逊对越南的战争,我们作为大学生自然要群起反对。我记得剑桥内就至少有过一次反对示威，示威发生在当时英国国防大臣丹尼士·希利（Denis Healey）的讲话之后。我们追赶着他的车，直追出了城外。我的一个朋友——如今已与一欧盟外务高层专员结了婚——当时还跳上引擎盖，怒火中烧地敲打挡风玻璃。

希利的车扬尘而去后，我们才意识到天晚了——再过几分钟食堂就要开饭了，而我们都不希望错过饭点。回城的路上，我一边小跑，一边发现并肩跑着一个被派来维持秩序的警察。我们对视一眼。"您觉得游行进行得如何？"我问他。他面不改色地听取了我的问题——觉得它并没有任何特别之处，回答说："噢，我觉得游行进行得好极了，先生。"

很显然，剑桥要革命，还不够格。伦敦也一样：在格罗夫纳广场美国大使馆外进行的那场著名示威中（又是为了越南——就像大多数我的同代人一样，只有发生在千万公里外的不公正事件才最能调动我起来反抗），我挤在一匹百无聊赖的警马和一排公园栅栏之间，一种温暖潮湿的感觉顺着双腿蔓延开去。难道我失禁了？还是受伤流了血？没这么走运。是一枚我想拿来扔大使馆的红色彩弹在口袋里被挤破了。

那天晚上我还得去与未来的岳母——一位保守得固若金汤的德国女士——共进晚餐。她知道女儿正与左派交往时已相当警惕，那天下午又在电视上见识了左派分子衣衫不整、口念"胡、胡、胡志明"的样子，我很怀疑这样出现在她门前的我——腰部以下、两条腿上满是黏糊糊的东西——是否能改善她本已充满疑虑的看法。我自己呢，则为裤子上是颜料而感到惋惜，倒宁可那是鲜血。啊，为了打倒资本主义。

要参加真正的革命，你还是得去巴黎。像许多的朋友和同辈一样，我在 1968 年的春天前往巴黎去观看、去呼吸了货真价实的革命。或至少说，去观看了对货真价实的革命的一次忠实的表演。或者，像雷蒙·阿隆曾质疑的那样：是在曾经表演过货真价实的革命的舞台上演的一出心理剧[1]。由于巴黎曾经一直是革命圣地——不可否认，我们对"革命"一词的许多视觉理解，的确都来自我们自以为所理解了的、1789 年到 1794 年发生在巴黎的事件——有时候，所发生的究竟是政治，是讽喻，是模仿，还是演戏……的确有些分不清了。

从某个角度来看，一切都符合了应有的样子：铺路石是真铺路石，问题是真问题（至少对参加革命的人来说），暴力是真暴力，且偶尔真的有人受伤。但从另一层面看，一切又仿佛不那么严肃：即使在那个时候，我都已经很难相信铺路石下面就是海滩[2]，更别

---

[1] 一种心理治疗法，通过让患者扮演角色而达到宣泄、治疗的效果。
[2] 此处原文为：sous les pavés, la plage，法国 1968 年"五月风暴"的著名标语，旨在比喻现代文明的桎梏下埋藏着自由。

说相信那些没心没肺地执着于讨论暑期旅行计划的大学生真想推翻夏尔·戴高乐总统和他的第五共和国了：我记得在激烈的示威和辩论间隙，大家最常讨论的是去古巴旅行。不过，毕竟在街上游行的都是自己的孩子，当时无数的法国时事评论家都声称自己相信政变真的会发生，且都纷纷应景地紧张了起来。

然而，到头来什么大事也没发生，我们所有人都打道回府了。那时我觉得，阿隆对革命的轻蔑有失公允：他见自己当教授的同辈们竟被各自麾下的年轻学生那毫无生气的空想主义老一套弄得晕头转向、飘飘然也要加入到他们的革命中去，就不由得越发郁郁寡欢了。如今我完全赞同他当时的鄙夷，但在那时看来，这鄙夷过头了。革命如此令阿隆厌恶，最大的原因似乎是因为大家都拿革命当乐趣；然而，聪敏如他却也没有看到，革命当然并不等于玩乐，但许多成功的革命的确是从玩乐和欢笑开始的。

一两年后我去拜访一个在德国上大学——我记得是哥廷根大学——的朋友，发现"革命"一词在德国的意味似乎全然不同。在这里，谁也不把它当乐子。以一个英国人的眼光来看，每个人都严肃到了言语难以形容的地步——且同时从事着数量惊人的性活动。这是件稀奇的事：英国大学生常常想着性爱，动真格的却惊人地少；法国大学生在这方面要积极得多（在我看来），但好歹将政治和性爱分得很开。他们的政治理论性强，除了偶尔讲讲"做爱，不作战"[1]以外，简直艰涩到了荒诞的地步。女性在他们的革命中除了煮咖啡（以及在拍摄宣传照时为求画面美感，与男性并肩站立充当视觉装饰）外，没有实际任务。所以，激烈的女权主义运动紧随"五月风暴"而来也就不足为奇了。

然而在德国，政治的目的即是性——性也大多与政治有关。我拜访一个德国学生团体时（所有我认识的德国大学生似乎都住在公社，共享老旧的大公寓房，以及各自的伴侣）惊讶地发现，我在联邦共和国的同龄人竟然切实地相信自己的说辞：积极进行单纯意义上的随意性交。他们解释说，这是戒除美帝主义幻觉最好的方式，且能帮助他们肃清其纳粹父辈由于性欲过分压抑而导致的民族主义大男子情绪。

西欧的一个二十岁青年企图通过解除禁忌、将自己（及伴侣）的衣服剥光，来祛除父辈的罪孽，并视这种举动为摆脱宽容型镇压[2]的标志，这种事对我这样一个经验主义的英国左派来说，多少都得存疑。性高潮之于反纳粹主义竟然不仅必要而且已然充分，这也太走运了吧。但是回想起来，我又有什么资格置评？一个剑桥大学生，其狭隘的政治世界由毕恭毕敬的警察和战胜国无负担

---

1　"做爱，不作战"（Make love, not war），是披头士乐队主唱约翰·列侬提出的著名口号。
2　宽容型镇压，原文为"repressive tolerance"，是一种治理民众的技巧，特点为：在无关主旨的方方面面最大程度地宽容，令民众产生自由的错觉，从而避免反抗，以便更从容地对民众进行监管。

的良心组成,恐怕是不太适合去评估他人清洗罪孽的手段的。

但是,如果我当时知道往东 250 英里处正在发生的事,或许自我感觉就不会再那么良好了。我,一个东欧犹太裔出身、精修历史、掌握几国语言并在自家这半个欧洲大陆上周游甚广的大学生,竟对发生在当时波兰和捷克斯洛伐克的那场灾难一无所知,这很能说明"冷战"时期西欧对外界是有多封闭。谈革命理想?那为什么不去当时欧洲最激动人心的布拉格?为什么不去年轻的同辈们正为自己的理念与理想冒被驱逐、被流放、被监禁之险的华沙?

在我们所有的热烈争论中,我竟想不起有谁曾提过"布拉格之春",更勿论波兰学生起义。如此看来,1968 年的 5 月对我们来说难道不是一场幻觉吗?倘若我们当时不是那么目光狭隘(四十年后的今天,再要说清当时我们为学校门禁的不公正曾发生过的争执有多么激烈,已经有点儿难了),或许在历史舞台上也能留下更深刻的印迹。我们本可以就其时的墨西哥动乱或哥伦比亚大学静坐事件彻夜长谈。然而,除了偶尔有个态度轻蔑的德国人觉得捷克斯洛伐克的杜布切克[1]只不过是革命中的又一个反叛者以

---

[1] 亚历山大·杜布切克(Alexander Dubček, 1921—1992),捷克斯洛伐克政治家,"布拉格之春"领导人。

外,从没有人提起过东欧。

  回头一想,我不禁觉得我们根本没上对船。说马克思主义,我们没有去华沙与伟大的莱谢克·科拉科夫斯基[1]和他的学生探讨修正主义最后的残章。说反抗,我们又似乎没有切实的原因,而且我们付出了什么代价?我的熟人中少数几个最勇敢的,也不过是蹲了一晚上监狱,第二天通通都能赶回家吃午饭。这样的我们,怎么能够理解华沙的大学生需要多大的勇气才挨过了监狱里长达数周的审讯,紧接着又被判处一年、两年甚至三年的监禁,只因为他们敢于追求我们早已习以为常的东西?

  我们在西欧有口无心地谈论着理想,而倘若我们对那些理想的最终命运多一点儿关心,或许就会关注到那理想的耀眼光芒之外,在欧洲其他地方所发生的事了。

  不过,没有人应该为出生的时代、地域碰巧很好而愧疚。在西欧出生的我们这一代是幸福的。我们不去改变世界,世界自为我们而变。万事看来都有无限可能:那时的我们不像现在的年轻人,我们从不担心找不到有趣的工作,于是便觉得没有必要浪费时间屈尊去念什么"商业学校",最后也大多都在教育、公务领域谋到了切实有用的职位。我们致力于讨论世界的问题与改善世界

---

[1] 莱谢克·科拉科夫斯基(Leszek Kolakowski,1927—2009),波兰哲学家,以三卷本巨著《马克思主义的主要流派》(*Main Currents of Marxism*)广受世人称誉。

的方法，本着良心反对我们所不喜欢的事物和现象。至少在我们自己看来，我们是具有革命精神的一代。尽管很可惜，我们错过了革命。

# 工作

成为历史学家一直是我的梦想。十二岁时我便开始计算需要多久才能攒齐做历史学家所需要的文凭。历史学家如何谋生？彼时我家见过的唯一例子是泰勒（A. J. P. Taylor）——不过虽然我当时心想，他谋生应是靠着他优雅的电视讲座，却没有臆断说大部分历史学家可以这样来糊口。一个人如何将历史经营成"事业"？事业这个东西难道真能"经营"？难道能制订计划，从青春期就开始奋斗？难道奋斗了就会成事？成不了事又当如何？虽然学历史也可能会有未来，但在抵达未来之前，我首先得挣钱。

我的第一份工，是在伦敦的 W. H. 史密斯书店唱片部找到的：因为年仅十四岁，人家只许我在周六工作。这份工作最吸引我的，是十七岁的阿普丽尔。她管理柜台，且容貌酷似在音乐评级秀节目中因为对一首流行歌做出了"我给五颗星！"的评价而在英国红极一时的贾妮丝。

当时我们仍处在前披头士时代（BBE），唱片架上尽是些模仿猫王的昙花一现之辈。美国本土歌手——基恩·文森特（Gene Vincent）、艾迪·柯克伦（Eddie Cochrane）——普遍比苍白无力的英国同行（比如亚当·费斯之流，而克里夫·理查德即使在当时都已经是个笑话）高明一些。爵士爱好者还很少，民谣几乎无人知晓——至少在我工作的帕特尼高街上是这样。当时已是1962年，音乐却仍停留在50年代。

四年后，因为考上剑桥大学，我提前离开了高中，决定以打工的方式抵扣花销，乘货轮去以色列。货轮预计要经过贯穿汉堡以北几英里处的荷尔斯泰因半岛的基尔运河。这种不定期货船没有固定的船期和停泊港——当我抵达基尔的港口时，先锋者号（取道波兰的格但斯克而来）尚无踪影：这是"意料中事"。我在当地一家旅店找了间房，每隔几小时去港口和那里的船闸查看。

基尔十分萧条。战争破坏虽已平复，结果却修出了一座——战后联邦德国普遍如此——毫无历史感可言的单调、无趣的城市。旅馆不欢迎我：翌日早饭后就把我赶走了，至黄昏之前都不准回去。我的钱被同屋的人偷走了；夜晚在栈桥上等待随潮汐而来的大船时，只能用肉肠三明治果腹——这还多亏了一个摊贩的好心。终于，先锋者号在波罗的海的迷雾中缓缓现身了。有那么一会儿,我在风中耸着肩驼着背,把自己想象成马塞尔·卡尔内(Marcel Carné)电影里的人物迦本,兴许是《雾码头》(*Le Quai des Brumes*)里的。

船长满腹狐疑地与我打了招呼。我的确被列在了他的装船单上,但对自己该拿我这个十八岁的"行脚僧"怎么办,船长似乎没有一点儿主意。"你会做什么?"他问我。"嗯,"我应道,"我会说法语、德语和一点儿希伯来语"——倒像正在翻译事务所里应聘一份短期职务。"我也会,这有什么难的?"[1]他轻蔑地回答。我被领去自己的客舱,被交代说翌日早晨去轮机舱报到。接下来的四个星期,我每天在震耳欲聋的轮机舱当朝八晚四的班。海上交通工具的柴油机大体无须人工管理,所以每次只有一个工程师当班,监督各个仪表盘、杠杆——还有我。机身上会排出厚厚的一层油脂。我的责任就是把它清理干净。

头几天,我在擦拭柴油锅炉和在北海强劲的暴风雪中冒雪呕吐之间两头忙。最后,我好歹适应了。我别无选择——无论如何我都无法胜任甲板上的工作。水手长(一个阴郁的体态如坦克一般敦实的矮个以色列人)倒是有一次在狂飙来袭前,让我到甲板上把几个大桶滚到遮蔽处。结果我推不动,又被遣回甲板下劳作

---

[1] 此处原文是希伯来语的发音:"az ma?"

了。在航行的最后一晚,船长将我叫去,没好气地对我承认了他的诧异:"我没想到你竟能坚持下来。"我也没想到,我默认道。

在船上从事纯体力劳动,间或也有一定补偿。当小船在风暴与东大西洋的巨浪中颠簸时,我得以与大我几岁的三副一起在驾驶台上值夜勤,听从西班牙、葡萄牙和摩洛哥弄来的盗版流行音乐。在塞浦路斯,我被引荐给了"法马古斯塔最美的女士们"。是夜,船员们为了拿我(船上最年轻的一员)取乐,让我刮净胡须、穿起裙装,成为"先锋者号上最美的女士",起劲的程度简直令人疑惧。这便是我自己独一无二的"情感教育"。

归乡后我在苏塞克斯郡一个砖场工作时,对纯体力劳动的看法有了变化:它没有任何优越之处。又脏又累,且报酬少之又少;使人有理由且也忍不住要去逃避监督、偷工减料、勉强敷衍。于是我很快离开了砖场,改去驾驶:这份工作需要一定技术,虽然薪酬同样很低,但至少给了我自由和空间。1966年至1970年,我开着车,送过地毯、仓库用品以及家用物品。

回首在伦敦南部往来送杂货的日子,我突然意识到人们当时的需求是多么俭省。一个典型的家庭一周的需求量只有两小盒。其他日常需求都由主妇在附近的蔬果店、乳品店、肉铺和禽类站解决。大部分人不知超级市场为何物。扫货根本没意义:多数人家的冰箱都很小,有些人家根本没冰箱。我开着绿色莫里斯牌小面包车，车身傲然印着食品商的家族姓氏，跑一次就能送两打客户。如今，通常去一次大卖场便能用整周所需把小莫里斯给装满。

20世纪60年代的最后两个夏天，我又抛弃了驾驶去当导游，陪美国大学生游西欧。报酬一般，却另有好处。那个年代，家境良好的美国女生是不会单独出国的；家长们要奖励女儿大学毕业，更愿让她加入一群志同道合的女伴，由一个可靠的保护人陪着在欧洲度假。

我加盟的公司号称只招牛津、剑桥的大学生。人们何以觉得我们尤其适合陪同多时可达40人的异性大学生群体度过长达9个星期的假期？这点令人百思不解。团里所有女孩不是刚毕业就是还在念大学，且没有一个曾踏出过美国本土半步。即便是欧洲最出名的几处（巴黎、伦敦、罗马），对她们来说也是完全陌生的。

我们下榻卢塞恩湖畔的沃尔德斯塔得霍夫景观酒店的一天，清晨五点，我被一个惊恐万状的客人叫醒了。"快来——有人硬要进莉丝贝特的房间！"两层楼之下，夜巡门卫正气冲冲地擂着卧房门，嘴里嘟嘟囔囔地说着一个人的名字。我将他拉到一边，禀明身份，获准进入了房间。站在床上的莉丝贝特穿着很有限的衣服。"他要杀了我们！"她压低嗓门说。我们？她指向一个衣橱，从衣橱里走出一个只穿着内裤的金发青年：酒店的副厨。"他要找的是我。"男孩怯生生地操着德语说。我把情况给招待他的美国人解释了一遍，她彻底懵了。"有些男人，"我澄清说，"喜欢男人。"

莉丝贝特置自己半裸的状态于不顾，面露厌恶地瞪着我说："我老家比洛克西[1]就没有这样的男人。"

那是1968年7月。是月，我们又去了慕尼黑，我请我们的德国巴士司机带我们去达豪集中营[2]旧址。霍斯特断然拒绝了：没什么好看的。他向我保证，那不过是美国人的宣传罢了。当时，犹太人大屠杀和纳粹集中营还不是全世界道德谴责的众矢之的，而美国密西西比州也还没有同性恋。这些，都是很久以前的事了。

我的最后一份工作，是在位于剑桥大学中心地带的蓝猪宾馆负责供应早餐，从早晨五点半做到午餐班组上岗。厨房里没有异性员工，不然倒是个课外约会的好地方。就像"整改时期"被送去锅炉房的捷克知识分子一样（但我是心甘情愿的），我发现这个工作相当有利于认真阅读。在为旅行推销员和来访的家长烤吐司、煮咖啡、煎鸡蛋的间隙，我读了许多博士论文所需的背景资料。只要操作熟练，制作快餐不仅允许沉思，甚至能促进沉思。

相反，那些穷学者迫于生计不得不在课外做的死活计——高中历史辅导、课外讲座、试卷批阅（我都做过）——既费神，从

---

[1] 比洛克西（Biloxi），密西西比州哈里森县的一个城市。
[2] 达豪集中营（Dachau concentration camp）是"二战"时纳粹德国建造的第一个集中营，1933年3月启用，其后的集中营均以此为参照。达豪集中营为巩固纳粹政权而建，主要关押持有不同政治理念的政治犯。

中又得不到一点满足。你可以一边拉一车地毯满城郊跑，一边思考复杂的问题；然而争分夺秒地逐页批完试卷后，就没有多少干别的事的余地了。

从蓝猪出来后，我直接进入剑桥大学国王学院任职。而那职位也并不是非我莫属的：我在所有已应聘院校的选拔中都败下阵来，要不是国王学院相救，我的事业生涯也许会面目全非。这个意外的惊喜结果帮助我看到了职业走向的无定：所有已发生的事，都可以不那么发生。

我倒也不认为自己的余生会在蓝猪里烤吐司，或到处去送地毯，或在清洗柴油机中度过。陪年轻女士逛欧洲也不太像是我会去发展为职业的事，无论它多么诱惑人。但看起来我极可能会无限期地倚仗这些工作中的一件或几件来过活——这一可能的前景，令我对因机遇或运气因素而不得志的人，尤其能感同身受。

我们仍然被奴役于工业时代的观念下，认为一个人的价值应由他的工作来体现，然而这在当今的主流人群中已明显不再属实。倘若我们非要重弹19世纪的老调，不妨想想"懒的权利"：一篇马克思的女婿保尔·拉法格在1883年无意中写就的具有前瞻性的小散文，暗示了现代生活会提供更多通过闲事和爱好来体现个人价值的机会。职业本身则会如人所愿，扮演一个越来越次要的角色。

我最终做到了自己一直想做的工作，且用它赚来了钱。多数人则没有那么幸运。大部分工作也都很枯燥：既不能丰富一个人又不能巩固一个人。而且到头来（正像我们维多利亚时期的先人那样），我们又一次将失业看作丢脸的处境：一种类似性格缺陷般的丢脸处境。博学的高薪人士特别喜欢教导"福利皇后"[1]们，说经济依赖是道德败坏，公众福利有其不妥之处，艰苦工作又是多么高尚的品德。什么时候他们也该去艰苦工作一回。

---

[1] 福利皇后（welfare queen）是一个贬义词。20世纪60年代起，美国国内以作假、瞒骗牟取福利待遇的现象屡禁不止，由于当时出此下策的多为贫穷的黑人妈妈，故有"皇后"一称。该词虽被认为带有性别、种族方面的歧视，但仍沿用至今。

# 精英

1966年，我升入剑桥大学国王学院。我们是英国——且也许是英国唯一的——过渡的一代。时值20世纪60年代过半，摩登族[1]来了又走，披头士乐队正要录制他们的《佩珀军士孤独之心俱乐部》(*Sgt. Pepper's Lonely Hearts Club Band*)，我就读的国王学院却仍然极为传统。设在大厅的晚餐无比正式，必须出席，且必须穿学士袍。本科学生就座后等待先生们的到来，接着全体起立，目送一长排老先生从身边经过，向高桌走去。

---

1 摩登族（the Mods）最早是由英国伦敦的年轻人于20世纪50年代兴起的一种亚文化，在60年代早、中期最为风靡。代表元素为踏板式两轮轻便摩托车（《罗马假日》中的Vespa便是一例）、修身西服和蓝白红三色同心圆箭靶图案（取自英国皇家空军标志）。

这些"老"先生是真的老。由（前院长）约翰·谢泼德爵士（Sir John Sheppard，生于 1881 年）为首，出席晚餐的离任荣誉教员通常还有：弗兰克·阿德科克爵士（Sir Frank Adcock，生于 1886 年）、E. M. 福斯特（生于 1879 年）和其他一些同样德高望重的人。这使人即刻意识到战后福利社会的年轻一代与维多利亚晚期国王学院之间的联系：那是福斯特、鲁珀特·布鲁克[1]和约翰·梅纳德·凯恩斯的时代，那些人散发着我们难以企及的文化自信和社会自信。老先生们与他们身后墙上正逐渐褪色的人物肖像自然地融合在了一起：无须任何人明言，我们便感到了传承的重任。

但同时，我们也是改弦易辙的一代。及至我们毕业，入学时还都一律施行的一系列无关大义的小规矩，例如学士袍、学士帽、门禁等，都已成了怀旧时的笑谈。我在大学的第一个学期，作为一名虽平庸但热情的橄榄球队队员，曾乘队车出征牛津（并输给了）新学院。事后我们差一点儿就成功拆毁了主场的一只小便器，但由于所耗费的时间以及晚秋的迷雾，回校便迟了。我来到寝室楼前：门已上锁，我又没有"夜间准入证"。扔了一阵石子后，好容易叫醒一位朋友。朋友下楼来，几乎吓得要休克："别让门房听

---

[1] 鲁珀特·布鲁克（Rupert Brooke，1887—1915），英国诗人，因其在"一战"期间创作的十四行组诗而著名。布鲁克有一张美少年的脸，以至爱尔兰诗人叶芝曾将他誉为"英国最英俊的青年"。

见！"不消说，今天国王学院的学生已经很难再理解这番经历了；就是只比我们晚两年入校的学生，对此也会感到费解。改变是突然发生的。

国王学院对变革和彻底决裂历来怀有莫大的热情，且引以为傲。当时的高级导师会教导一年级学生，对待门禁等规章，不能不当回事，也不要太当回事。这让负责贯彻规章的夜巡和门房颇为难办。剑桥大学的阶层性质，也就在这里微妙地体现了出来：大部分学院领导在自己应予以贯彻的规则遭到违反时只是温和地一笑了之，因为这些中产阶层文化者，个个都怀有波希米亚情怀。

我入学后不久，学院建了一间骇人听闻的校园酒吧。一贯在任何事上紧跟当代风格的学院通过了一个与伦敦盖特威克机场航站楼一模一样的设计方案，且理由正是因为它像个机场航站楼：（建于1441年的）国王学院拒绝驻守自己的传统停滞不前，特别是当学院又有了这么多对牛津、剑桥的上流环境毫不看重的年轻人时。作为这些"新"国王人中的一员——也是我的家族里第一个完成高中学业，更是唯一一个进了大学的人——我倒更喜欢19世纪绅士俱乐部的拥挤环境，胜过一个毫无阶层特性的航站楼复制品。幸好这类尝试并无代表性。学院在为学生提供良好传承感和身份感方面，一直保持着充分的自信。

对我这个向北最远只到过莱斯特市的伦敦南部人来说，我们这代国王学生不仅混合了多种社会阶层，家乡在地理位置上也天南地北。人生第一次，我遇到了来自威勒尔、约克郡、泰因赛德、东英吉利和凯尔特[1]边缘地带来的人。很大程度上他们都同我一样，是选拔制公立学校中力争上游的产物：1944年出台的巴特勒教育法令，让我们有机会出现在剑桥大学，也致使我们中的一些人与周围人的社会地位呈现出巨大的鸿沟。第一个从综合学校[2]考入国王学院的学生约翰·本特利，他的母亲在我们的毕业典礼上对我父母说，每次自家附近有人在街上问起她的儿子去哪儿了、在做什么，她都特别想说他"又回博斯托[3]去了"。这总比说他在康河上与女学生泛舟要更可信，也更叫人看得起。

学院中一定还潜藏着几个私立学校精锐毕业生的团体，又或许他们就是学院的大多数？但我只与一个这样的男生成了至交——我的邻居马丁·波利亚科夫（Martyn Poliakoff），他是建造俄国铁路的波利亚科夫的重侄孙，是个桀骜不驯的刺猬头儿，从威斯敏斯特学校考来，此后荣获大英帝国司令勋章，成为皇家学会会员，称得上是为年轻人普及化学的第一人。他完全不是大家心目中典型的上等人。

---

[1] 以上五个地区均在英国北部。
[2] 当时刚刚出现并很快推而广之的非选拔制中学，由其时的工党政府推行，旨在取代所有选拔制公立中学。——原注
[3] 博斯托（Borstal），一所青少年劳改学校。——原注

我的国王学院是战后英国社会精英阶层的缩影。我们中大多数人都是因为成绩优良而跻身其间，且都谋到了不负早期天赋和兴趣的职务。1966年入学的国王学院学生在各自选择的职业中皆脱颖而出，且选择教育、公共服务、高端新闻业、艺术行业与无利可图的自由职业的人空前绝后地多。

有鉴于这个趋势，我们这一代里最有前途的经济学家——默文·金——最终成为英格兰银行行长而没有去搞投资银行业务或对冲基金，便是理所当然的了。在我们之前，优秀的国王学院学生无疑也走着相似的道路。不过，只要瞥一眼国王学院前辈们的讣告便可以知道，他们中还是有许多人最终都回归了家族企业，抑或从事了其祖辈父辈们曾经从事的传统事业。

至于我们的后辈，回想20世纪70年代以降的毕业生，撤退到更惬意的私人银行服务业、贸易行业及高回报的法律业的人，其人数之多、撤退速度之快，实在令人悲哀。然而恐怕不能全怪他们。在我们的年代，岗位依然充足，我们也还沐浴着战后繁荣的余晖。但不管怎么说，我们这一代的抱负显然与他们有别。

我曾问我的同代人为何选择了国王学院。令人惊讶的是，其中许多人都给出了模糊的回答：只是因为它的名字，因为喜欢校园内的小教堂或因为学校名字听起来很特别。有几个——大部分是经济学家——说是因为凯恩斯。然而我选择它却有着十分明确的原因。我曾是学校里的一名反叛分子，念大学预科退学时，我的老师刻薄且信誓旦旦地说,牛津、剑桥没有一个学院会考虑我。然而国王学院却不按常理出牌,将我视作志趣相投的人并录取了。我对其他学院是否也会考虑我的申请毫无把握,幸运的是,我永远不必知道他们的决定了。

学院的教学很奇特。我的许多导师——约翰·索特马什(John Saltmarsh)、克里斯托弗·莫里斯(Christopher Morris)和阿瑟·希伯特(Arthur Hibbert)——既无名望,也没出过什么书,只为国王学院的学生所知。然而,正是他们令我不仅磨砺出了知识分子的自信,且从此对漠视名(利)、潜心教育的老师都充满敬意。

学院教学不以学生在 Tripos——剑桥大学文学学士学位考试——中名列前茅为目的。导师们不把任何形式的群众性表现放在眼里。这并非因为他们不看重考试结果,他们只是认为,以我们的天赋,通过考试是理所当然的。如今已很难想象再有这样的人了,不然在评估"学术输出"并相应增减经费的英国大学科研评估机制中,他们将使学院陷入深重的财务危机。

由我来评估国王学院的 60 年代,似乎有些不妥。我在那里继续了研究生学业,且留校任职长达六年,才在 1978 年离校去了伯克利:我的记忆也在不自觉间因为学校之后的发展而失真。诺埃尔·安南(Noel Annan)——1956 年至 1966 年的院长——的国王学院,渐渐让位给了享有国际声誉的列维-斯特劳斯学派人类学家埃德蒙·利奇（Edmund Leach，1966年到1979年间任职）的国王学院。安南一代快直的自信[1]逐渐变成了一种置身事外的自嘲：在旁人的感觉中，利奇院长似乎并不将学院当作一个保护爱德华时期自由表达异见之精神的地方来珍视和信仰。对他来说，这种精神不过是又一个亟待消解的神话罢了。

不过，利奇——比起安南和在学术界无甚建树的约翰·谢泼德来——的确代表了一样东西，那就是他纯粹的睿智：这一点在睿智超群的伯纳德·威廉姆斯（Bernard Williams）继任后更是凸显无疑。我一度作为大学教员选举会的初级评审与威廉姆斯、约翰·邓恩、西德尼·布伦纳（诺贝尔医学奖得主）、弗兰克·克默德爵士、杰弗里·劳埃德（Geoffrey Lloyd，古代科学史专家）以及马丁·里斯爵士（皇家学会天文学家）共事。我至今仍然觉得，这才是真正的学习：是对智慧的深度、广度和（福斯特在另一个场合中提出的）"联结"能力的磨砺。

不过，令我获益最多的其实是邓恩，尽管当时我还没发觉。他那时还是个年轻的大学研究员，如今已是一位杰出的名誉教授了。正是约翰——在一席关于约翰·洛克政治思想的长谈中——让

---

[1] 见诺埃尔·安南的《我们这一代：两次世界大战之间的知识分子群像》（*Our Age: English Intellectuals Between the World Wars–A Group Portrait*），兰登书屋，1990年。全书以异乎寻常的自信讲述了尚未开始自我怀疑的一代人。——原注

我受到前所未有的思想史的挑战。他只是专注地、一字不漏地聆听着，无比认真且原原本本地接纳了我的每一句话，然后温和而坚定地，用一种我既能接受又感受得到敬意的态度，指出了它们的谬误。

这才是教育。这才是自由主义：一种在广泛政治领域内怀着信仰表达不同（有时不过是被误解而不同）意见的主义。这种思想上的包容性，想必不是国王学院所独有的。然而听朋友和同龄人说起他们在别处的经历，又让我多少有些怀疑。别处的讲师听来又忙又无暇他顾，就像美国一般大学科系中常能见到的讲师那样，除了自己的专业，其他一概不知。

如今，这种现象在国王学院里要比过去多得多。一如其他诸多方面的衰落，这让我感到了自己那一代人有多幸运：我们得以享受两个世界的精华。凭实力跻身一种即将消失的阶层和文化中的我们，有幸经历到了牛津、剑桥在衰微之前的时代——其衰微，我必须承认，与我们这一代人的掌权大有关系。

四十年来，英国教育遭遇了一系列为打压精英、推行"平等"而实施的灾难性"改革"。安东尼·格拉夫顿在一本杂志[1]上已详

---

[1] 安东尼·格拉夫顿（Anthony Grafton），《英国：高等教育的失节》（"Britain: The Disgrace of the Universities"），《纽约评论》（*The New York Review*），2010年4月8日。——原注

尽概括了高等教育所受的沉重打击，然而伤情最惨的还是中学教育。为了一举摧毁以公费向我这一代人提供一流教育的公立学校，政客们巧妙地强制国营院校统一降低了自己的水准。

结果正如一开始所预期的，选拔制私立学校（"公"学）纷纷崛起。别无他法的家长们为将自己的孩子从蹩脚的公立学校拯救出来，不惜花费巨资；大学受到巨大压力，被迫招收来自公立学校的低水平学生，为此不得不相应降低录取标准；每一届政府都在以新的改革弥补历届政府的失败"倡导"。

如今，当英国政府要求 50% 的高中生都能升入大学时，私立学校与其他学校的毕业生所受教育水平的差异却达到了 20 世纪 40 年代以降的最高点，私立学校学生的表现一再超越公立学校的同龄人——这一人们无暇面对的龌龊的小秘密，却让新上台的工党政府感到惶恐。奇怪的是，政府一边埋怨私立学校在市场中太过繁荣，一边又在热烈嘉奖继续办校的银行家。

一任任教育部部长都在批准、鼓励开办所谓的"私立院校"——暗中（在私人资金的帮助下）重新引进他们一度引以为傲的肢解平等原则基础的选拔制度。同时，现任英国政府内阁成员中，私立学校毕业生比过去几十年来的都多（据我计算共 17 人），且出现了 1964 年后的第一任毕业于伊顿公学的首相。也许我们本该坚持精英教育才对。

偶尔重游剑桥时，我为其间的怀疑和衰退气象所震惊。牛津、剑桥显然也未能幸免于政客为得民心而使出的时新花招：20世纪70年代开始出现的自嘲（"我们国王学院有500年的规矩和传统，不过我们不太把它们当回事，哈！哈！"）变成了真正意义上的困惑。我们在1966年认识到平等主义时所产生的真诚自省，似乎降格成了一种不健康的执着：坚持要把学院搞成一个不设精英选拔标准、不行与社会有别之事的地方。

对此我不知该如何作答。国王学院正像英国的许多地方一样，已经成为一处遗迹。它仍自诩独树一帜、不拘传统、无层级意识：看看我们——难道不是与众不同的吗？然而如果无法深刻理解自己的独特性究竟在哪里、这种独特性的价值是什么，一个人又怎么能以此为傲呢？各机构都需有自己实在的传统，而在我看来，恐怕国王学院——乃至整个牛津剑桥——已经把自己的传统给弄丢了。

我想，这一切恰恰就是在那过渡性的60年代中期发生的。当然，当时的我们还不明白。我们一手是传统，一手是超越；一边是继承，一边是改变。然而我们留给下一代的，比起我们所继承的要无足轻重得多（这在婴儿潮一代身上是普遍成立的事实）。那个年代给了我们自由主义、兼收并蓄、漠视外界意见、唯我特立独行的精神以及进步的政治信仰，这些虽非不能调和的矛盾，但唯有一个不畏惧贯彻精英主义的机构，才能将它们调和。

大学原本就是个精英集团：它们的用途正是选拔人群中最有

能力的一批人，再通过教育提高他们各自的能力——不断地对精英集团破旧立新。机会均等和结果均等是两码事。一个由财富多寡和世袭制度主导的社会，是不可能通过粉饰教育系统——通过否认能力的差别或限制机会的选择——来修正它的不平等的，何况它还打着自由市场的旗号为贫富差距的稳步增长创造条件。这不过是道貌岸然和虚伪罢了。

  我们这一代人觉得自己既是激进人士，又是上流精英。这种看似互有区分的自我认识，与我们在大学时代潜移默化地承袭到的某种自由主义一脉相承。这种区分属于上流社会的"凯恩斯们"：他们成立皇家芭蕾舞学院和大英艺术协会是为大众，但经营上却坚持只用内行；这种区分属于精英体制——它在给每个人以机会的同时，却只奖励最好的；这种区分属于我的国王学院，而我何等有幸，得以亲身经历。

# 语言文字

  我是被人说的话养大的。它们从餐桌上翻滚落下，落在我坐着的厨房地板上：祖父、叔叔和流亡者，甩出俄语、波兰语、意第绪语、法语和勉强凑合的英语，竞相表达着自己、质问着旁人。遗自爱德华时期大英社会党的警言在我家厨房里回荡，倡导着"正道"。依靠自学掌握知识的中欧人彻夜探讨马克思主义、犹太复国主义和社会主义，而我则整夜在旁愉快地聆听。在当时的我看来，说话，便是成年人存在的意义。这一感觉伴随我至今。

  我自己也说话，并以此来确立自己的位置。为在派对上博人一笑，我会背一些段子，然后表演并翻译成别的语言。"噢，他肯定会成为律师的，"人们会说，"他能把鸟儿从树上哄下来。"这件事我当真试过，徒劳无功后又在少年时期用伦敦东区腔试了试，依然无果。而那时的我，已离开了多国语言交流的激烈环境，开始学习冷静、高雅的英国广播公司（BBC）式新闻英语了。

20世纪50年代，即我上小学时，英语的教学和使用规则十分严格。句法结构上，即便最无关紧要的犯规也不允许。"好"英语正当其道。BBC广播电台和剧院新闻片成了英国范围内规范语言的标准共识，各地区与各阶层的权威不仅规定了如何说，且规定了什么能说、什么不能说。虽然允许"口音"（我自己也有口音）存在，但口音也分三六九等：这是用与伦敦的地理距离来衡量社会地位的典型方式。

英语散文的光华是在它行将式微时将我吸引住的。那是一个全民扫盲的年代，理查德·霍加特（Richard Hoggart）在《识字的用途》（The Uses of Literacy，1957）中，已感伤地预期了这一年代里文学的下坡走势。文化中，一种忤逆、反叛的流派逐渐兴起。《幸运的吉姆》（Lucky Jim）、《愤怒的回顾》（Look Back in Anger）、50年代末的"厨房水槽剧"，无一不对苛求体面、尊严和"规范"言辞的阶层防线发起了攻击。然而野蛮人在抨击传统时，所采用的却仍然是完善后的正统英语格律：阅读这些作品从未令我产生"为反抗就必须一并抛弃好东西"的感觉。

到我上大学时，语言表达已成为我的"专长"。一名老师曾不置褒贬地称我为"巧舌如簧的雄辩家"，且说我既继承了学院的自信，又保持了冷静的批判态度（我很高兴能够证实这一点）。牛津剑桥教学法青睐精于措辞的学生：新苏格拉底反诘法（"你为什么写这个？""你这么写是什么意思？"）向作为接受者的学生发出了长谈自己意图的邀请，这便无形间将个性腼腆、喜好沉思、宁可瑟缩在讲堂后排的学生置于了劣势。我出于自私而对表达能力产生的信仰被加强了：它不再只是一个人有知识的证明，它成为了知识本身。

我当然也发觉了，这一教学法中，教师的沉默有着重大意义。然而无论作为教师还是学生，我一生都不善于沉默。我在经年的工作过程中有过一些十分出色的同事，他们别说辩论了，就连日常谈话都无法滔滔不绝，在自我表达以前总会再三思考。我妒忌他们的这种自制力。

表达能力常被视作一种具有攻击性的能力。而其功能于我毋宁说很大程度上是防守性的：言谈自如能够制造一种虚假的亲密，但在拉近彼此的同时，又能保持距离。演员们的做法便是如此，然而现实毕竟不是舞台，且这种做法也有其人为之处：这一点人们可以从最近的美国总统身上看出。我自己也调动语言来制造距离——也许这一倾向能够解释为何我对新教徒和美洲原住民有着近乎浪漫的偏爱，这两种群体的文化都有着与外界保持距离的特质。

就语言本身来说，一种语言环境外部的人常会被这种语言欺骗：记得麦肯锡咨询公司的一个来自美国的资深合伙人曾说过，早年在英国市场招聘时他发现，要选一个年轻助理真是很难——每个人看来都能说会道，分析报告都能一挥而就。你怎么能分辨谁是真聪明，谁又只是空有其表呢？

文字具有欺骗性——它喜爱捉弄，不讲信义。记得年迈的托洛茨基主义者伊萨克·多伊彻（Isaac Deutscher）在剑桥讲特里维廉[1]史学时［讲义于1967年出版，总题为《未完成的革命：俄国1917—1967》（The Unfinished Revolution: Russia 1917–1967）］曾穿插讲过苏联的那段美妙历史，我就被它深深地蛊惑了。讲解形式的美超越了内容本身，以至我们都不加深究地接受了后者：许久之后才如梦初醒。对言语纯粹的驾驭能力，并不一定意味着所说的内容就有深度和原创性。

然而，不善言辞却一定暗示着思考能力的欠缺。对于想表达某内容而非表达出了该内容就能受到赞许的一代来说，上述说法会显得奇怪。在70年代，善言本身也遭到了质疑：课堂全面放弃"形式"，助长了不受反诘的、畅所欲言的"自我表达"。然而，鼓励学生自由表达想法，保护他们不被权威的重压过早压垮，这是一

---

[1] 特里维廉，即乔治·麦考利·特里维廉（George Macaulay Trevelyan，1876—1962），英国"辉格派"历史学家，曾任剑桥大学三一学院院长，1925年成为英国国家学术院的研究员，1950年入选英国皇家学会。

回事；彻底放弃正统的评论——"别在意说法，重点是想法"，希求如此营造出的自由能催生独立思想，那就另当别论了。

20世纪60年代后长达四十年内，有自信（或素质）指出学生有失偏颇的表达并阐明它对思维究竟有何妨碍的导师，已经不多了。我这一代人的革命为这一趋势出了不小的力：个人在生活各处被赋予自主性，无须顾虑他人，这种趋势的后果不容小觑——"走自己的路"，最终会走向哪里是难以控制的。

如今，"自然"表达比有技巧的措辞更受欢迎——语言上如此，艺术上亦然。我们不假思索地认为，越是不加修饰，越能像体现美一样更有效地体现真。对此，亚历山大·蒲柏要看得更透彻些。[1] 几个世纪以来的西方传统中，一个人能将自己的立场表达得多清晰缜密，高度对应着其论点的可信度。斯巴达时代和巴洛克时代的语言风格可能不同，但风格本身从未遭到忽视。而"风格"也不仅仅是漂亮话这么简单：拙劣的表达背后是拙劣的思想。混乱的语句最多不过暗示着混乱的思维，更糟的是，还可能暗示了欺瞒。

学术写作的所谓"专业化"——以及不自信的人文主义者对"理论"和"方法论"的霸占——帮了愚民政策的忙。在此前提下，一批华而不实的"大众"文化在民间如假钞一般出现了：在史学

---

[1] 能将人们常常想到却难以言表的自然之真优美地表达出来，这才是真正的智慧。——亚历山大·蒲柏（Alexander Pope, 1688—1744），《批评论》（*Essay on Criticism*），1711年。——原注

领域,这一现象的突出代表便是"电视讲坛"的兴起,节目之所以成功、能吸引到大量观众,恰恰因为业内学者对交流纷纷失去了兴趣。另一方面,过去的大众学者只将自己的学识化繁复为平直来讲述,如今那些"平易近人"的作者却都喜欢向受众强推自己的理论。结果,吸引受众的变成了表演者,而不是内容本身。

文化的不自信会衍生到语言中。技术的发达也有同样的效果。在这个脸书(Facebook)、聚友网(MySpace)和推特(Twitter)大行其道的世界上(手机短信就不提了),照搬引用代替了自我创作。越来越重商业的环境——"你买什么,你就是什么"——使本来旨在提供无限交流机会的互联网变成了一方贫瘠之地。我的孩子们发觉,他们这代在机器上交谈时使用的简化用语已经渗透到了现实对话中:"人人说话都像发短信一样。"

这理应引起我们的担忧。文字一旦变得不完整,意思也必定会打折扣。正如我们已经私有化了许多其他东西一样,倘若我们不肯遵从正统,而去偏从个人化表达,我们也就私有化了语言。"我用一个词的时候,"矮胖子[1]曾趾高气扬地说,"我说它是什么意思,

---

[1] 矮胖子(Humpty Dumpty)最早出现于一支英语儿歌,被描绘为一只拟人的鸡蛋。儿歌大意说它坐在墙头,不留神摔下,再无法复原。该形象于是有了坐在墙头、怕摔等特点。比如在《爱丽丝镜中奇遇记》中,它也是坐在墙头,并与爱丽丝产生了文中的对话。它还是动画片《穿靴子的猫》中的主要反派角色。

它就是什么意思,不许多一点儿,也不许少一点儿。""问题是,"爱丽丝说,"你究竟能不能让一个词具有那么多意思?"爱丽丝没有错:否则,就彻底乱套了。

在《政治与英语》中,乔治·奥威尔对当代人运用语言非但不能达意反而将意思搞得更费解的现象大加斥责。不过,他的批评针对的是不诚实:一个人写不好文章,是因为他要表达的东西本身就是模糊的,或者是他故意语焉不详。而在我看来,我们面对的似乎不是这个问题。文字表达的低劣所暴露的是文化的不自信:我们说得拙劣、写得糟糕,是因为我们对自己的想法没有把握,不愿毫不含糊地声明自己的立场(总是说,"这只是我的一己之见……")。如今的我们倒没有遭到"新语"[1]的迫害,却面临了"无语"的危险。

这些想法比过去任何时候都占据着我的意识。在神经性疾病的挟持下,文字是我与世界之间仅剩的联系,而我却正迅速丧失控制它们的能力。文字无懈可击地在我静默的脑海里组织成形,广度丝毫不减——我内心的景观从来没有像现在这样丰富过,但我却无法再轻易将它们诉诸语言。唇间滑出的元音和辅音,就连最熟悉我的助理都不免觉得语不成调、模糊不清。发声系统——我

---

[1] "新语"是乔治·奥威尔的著名小说《1984》里杜撰的一种语言。小说中,这种逐年简化、充满意识形态控制的语言,将要替代英语成为官方语言。

六十年来一直信任着的另一个自我，终于无用了。交流、表演、宣讲，这些都成了我的弱项。让存在变成思想，思想化作语言，再将语言融入交流，这很快将成为一件我力不能及的事，我将会被禁锢在内心思虑所建构的语言文字的景观之中。

不过，虽然我比过去更同情被限制在寂静中的人，语言的混乱仍然让我鄙夷。无法再进行交流的我，空前地感到了交流之于共和的重要性：它不仅是我们赖以共同生活的方式，且是共同生活的意义之一。我成长在一个语言丰富的环境中，那些语言文字是公共的，我们今天所欠缺的，正是对公共领域的良好维护。文字是我们所拥有的一切。倘若文字衰败，我们将无以弥补。

第三部分

## 向西去，朱特

并非每个人都将美国作为首选目的地。很少有人一觉醒来会对自己说："我受够塔吉克斯坦了——咱们搬到美国去吧！""二战"以后，我的父母对英国感到绝望（这是那个萧条年代的普遍情绪）；然而与当时的英国人一样，他们也自然地将目光投向了大英殖民地。在我幼时的高街上，杂货铺与肉铺的广告中，有新西兰羊羔肉和奶酪，澳大利亚羊肉或者南非雪利酒，然而美国商品却极少。不过，由于当时的环境，也因为父亲的结核病史，到新西兰去定居（然后牧羊？）成了泡影。于是我便顺理成章地生在了伦敦，且年近三十才有了第一次美国之行。

每个人都以为自己了解美国。当然，一个人所"了解"的美国如何，很大程度上与其年龄有关。对老一辈欧洲人来说，美国是一个姗姗来迟的国家，它虽将他们从历史中解救出来，然其繁荣昌盛之势又令人心烦："美国佬有什么毛病啊？""工资过高，性爱过繁，还上我们这儿来了。"还有一个伦敦版本，揶揄根据战时政府特别计划生产的廉价女式内衣："您听说最新的耐用内衣了吗？一扯就下来了。[1]"

而对成长于20世纪50年代的西欧人来说，"美国"是宾·克罗斯比[2]，是豪帕龙·卡西迪[3]，是大把大把从美国中西部游客花格裤袋里源源而出的根本就没那么值钱的美元。到了70年代，美国的形象又从牛仔们的西部换成了《哥加克》[4]中高楼林立的曼哈顿。我们这一代则兴高采烈地用猫王取代了宾·克罗斯比，又用摩城唱片[5]和海滩男孩取代了猫王；然而我们对孟菲斯和底特律却毫无

---

1　此处"扯"的原文是"yank"，同时也是"美国佬"的意思。原句亦可译为：一个美国佬就能把它们都扯掉。

2　宾·克罗斯比（Bing Crosby, 1903—1977），美国流行歌手、演员，以其柔润、沉着的男中音而著称。唱有名曲《白色圣诞节》。他曾获第17届奥斯卡金像奖最佳男主角奖和1962年格莱美终身成就奖。

3　豪帕龙·卡西迪是20世纪初美国西部短篇小说中的一个牛仔人物。1935年初次被搬上银幕，之后共有66部脍炙人口的电影以他为主角（但只有少数几部按照原著改编）。他是与如今的蝙蝠侠、蜘蛛侠具有同等意义的银幕英雄。

4　《哥加克》(Kojak)，美国警匪剧，1973年至1978年由哥伦比亚广播公司（CBS）播映。哥加克是剧中的主人公，他的荧幕形象十分鲜明：光头、戴茶色圆墨镜，长期叼一根吃完棒棒糖后余下的棍子。1999年，该形象被美国杂志《电视指南》(TV Guide)评为"50大历史荧幕形象"第18名。

5　摩城唱片（Motown），1959年创建于美国底特律的唱片公司，以发展灵魂音乐及黑人音乐著称。如今已归入环球音乐集团旗下。

概念，对南加州也同样陌生[1]。

于是，我对美国既相当熟悉，又一无所知。在去美国前，我读过斯坦贝克、菲茨杰拉德和一些出色的南方短篇小说家的作品，加上对20世纪40年代"黑色电影"的喜爱，我也算是见识过一些美国的。然而我的认知并不系统。不仅如此，我像大多数欧洲人一样，也生在一个只用几天就可以从这头步行到那头的国家，对美国的地大物博完全没有心理准备。

我于1975年第一次赴美。在波士顿降落后，我本应打电话给一个我要在他家暂住的哈佛朋友，但公用电话需要一枚10美分硬币，一种我压根没见识过的硬币（哥加克就从来没用过这种硬币）。一位友善的警察为我解了围，且因我对美元硬币的无知而忍俊不禁。

我应邀在加利福尼亚大学戴维斯分校授课一年，我的英国太太与我计划驾车去。我本想买一辆二手的大众甲壳虫，然而遇上的头一个推销员就伶牙俐齿地说服我买进了一辆1971年出产的别克LeSabre三厢轿车：通体金黄，自动换挡，车身长近18英尺，仅靠1加仑油就能四轮生风地跑10英里。我们开着别克去的第一个地方是比萨店。比萨在英国还颇少见——而且小：大号不过7

---

[1] 孟菲斯有猫王的故居，他于此离世；南加州是海滩男孩的老家。

英寸宽，半英寸厚。于是柜台后的小伙子询问尺寸时，我俩都毫不犹豫地回答："大号"——且要了两个大号。结果相当疑惑地拿到了两个硕大的纸盒，每盒里头是一大块芝加哥风味的16英寸铁盘比萨，足够10人吃：这是我对美国人痴迷于"大"的第一个深刻认识。

由于我们资金有限，除了给自己以及贪婪的别克车给养以外，便一刻不停地向西赶去。在南达科他的苏福尔斯，我投宿了人生中的第一家汽车旅馆。由于房价低得难以置信，我战战兢兢地询问能否给我们升级到带有淋浴设备的房间。前台先假装不懂我的口音，之后搪塞不过去，才毫不掩饰地鄙夷道："我们的房间都带淋浴。"在一个欧洲人听来，这是不现实的：直到亲眼得见的那一刻我们才相信了他。认识二：美国人爱干净。

我们经由南达科他的拉皮德城（"终结土地之争的地方"[1]）和内华达的里诺，最后抵达戴维斯分校时，虽然对美国的车不敢恭维，但已对美国的内陆产生了相当的敬意。这真是个"大"国——天也大，地也大，山也大，而且也美。即便是丑到无话可说的地方，都能与周遭环境相得益彰：阿马里洛以西歪歪扭扭数英里的加油

---

[1] 此句并没有找到确切的出处，可能出自1939年美国电影《土地之争》(*Range War*)。电影主人公即为前文提到的豪帕龙·卡西迪，片中他带领一群农场工人与铁路局正面交锋，最后保卫了自己的土地。

站和廉价汽车旅馆,摆在任何欧洲的景观里都会形成致命打击(米兰城郊的加油站和廉价旅馆就丑得吓人),而在西得克萨斯傍晚的尘雾中,却结合得如此浪漫。

自从这第一次驾车横跨美国后,我又前后七次横跨了美国。老城如夏延、诺克斯维尔、萨凡纳者,尚有源远流长之美,可新城休斯敦、凤凰城和夏洛特之流,究竟有谁能喜欢上?大量荒芜的办公大楼和十字路口,朝九晚五显出繁华假象,黄昏时分又复归死寂。一旦水源枯竭、油价超出支付能力,这些奥兹曼迪亚斯式的盛世之城,终会被它们脚下的泥沼或沙漠再次吞没。

海岸一带的古老城市则因其英属殖民地的历史而令我备感安心。有一次在新奥尔良,身无分文的我(因在洗衣店里遭到抢劫),受托替匹兹堡钢人一线队的一名线卫将他的车开往宾夕法尼亚的哈里斯堡。那是一辆修长、霸气的美国产大排量车,前盖绘有一只含笑的猛虎,淫邪地倒在一件毛皮大衣上。如你所料,每五英里,我们即被拦下勒令靠边一次:警察翻身下了摩托车,昂首阔步地来到车窗前,正欲好好教训一番这个超速驾驶"淫车"的狂妄家伙……却发现,车里只有一个剑桥来的小个子教授以及他受了惊吓的太太。几次下来,我们竟享受起了这其中的喜剧效果。

有一次,在内布拉斯加的北普拉特,我曾感到了一种突如其来的凄然。在一处荒芜的所在,几百英里内没有城市,几千英里内没有海洋:倘若连被 8 英尺高的玉米秆包围着的我都感到了孤绝,那居住在这里的人又是什么感觉?难怪多数美国人对外界所发生的事、对外界如何看待自己都极度不感兴趣。从这个意义来说,中国根本不知道什么是"中心王国"[1]。

从密西西比河三角洲往南加州走,一路上的小镇和住区所呈现出来的是更为紧凑有序的景象。从达拉斯向西北驶过得克萨斯的平原,到达最远端的迪凯特,其间所经之处大多只有一两个加油站,一个灰头土脸(且常常正逢歇业)的汽车旅馆和一小簇拖车房,偶有一家便利店。然而没有一处足以构成所谓的社区。

除了一个教堂。以欧洲人惯常的眼光来看,它比头顶巨型十字架的仓库强不了多少。然而立在一串高速公路边的小店面和一串带状住宅群落中,它却显得一枝独秀。宗教在这儿不仅是唯一的消遣,它更是勉励与"社会"概念相联系的一次努力。假如我住在这样一个地方,想必也会加入"上帝的选民"的。

然而由于我职业的关系,入教会就不必了。美国迄今最大的好处,就在于它的大学。此处我想说的不是哈佛、耶鲁那一类[2]大学:这些大学虽卓越不凡,但并不算纯粹的美国院校——其根基都伸向大洋彼岸,深植于牛津、海德堡,甚至更远。我想说的是,论普通公立大学,这世上没有哪一处能强得过美国。驾车驶过中

---

[1] 此处引号中的"中心王国"原文作"middle kingdom",也是西方对"中国"的古译。
[2] 此处原文为意大利文:e tutti quanti。所谓的"那一类",是指私立研究型名校。

西部一片被遗忘的废墟，到处像长粉刺般突立着大型广告牌、汽车旅馆"莫泰6"的招牌和毫无个性的食品连锁店，突然——仿佛19世纪求知若渴的英国绅士们梦中的海市蜃楼一般，竟出现了……一座图书馆！还不是普通的小图书馆：位于布卢明顿的印第安纳大学图书馆，馆藏包括900多种语言、共计780万册的傲人藏书，且图书馆通体采用印第安纳石灰岩建造，形似雄伟壮观的双塔皇陵。

再往西北穿过另一片绵延百余英里的旷阔玉米地，眼前又出现了如绿洲般的香槟-厄本那校区：一座其貌不扬的大学城，却坐拥馆藏1000万册的图书馆。即令这类赠地大学里规模最小的几个——位于伯灵顿的佛蒙特大学，或怀俄明大学在拉勒米的孤零零的分校——都具有令多数古老欧洲大学眼红的馆藏、资源、设备和雄心。

在印第安纳大学或伊利诺伊大学的图书馆里，几乎凭窗便能看见稻浪滚滚的田野，这种反差，体现了美国"内陆王国"惊人的规模与多元化：那是远观所无法把握的。汇集各国文化的印第安纳大学布卢明顿分校以南几英里处，便是过去三K党的本部；得克萨斯大学图书馆的藏书规模无处能及，却被充满偏见的封闭山村所包围。这在一个外来人眼里绝不是一种稳定的配置。

而美国人面对这类矛盾却相当泰然。你很难想象一个欧洲大学会在聘请教授时——好比有人曾劝我考虑亚特兰大附近的一所大学时那样——将"靠近国际机场,可随时'跑路'"作为条件提出来。欧洲学者若不慎被困阿伯里斯特威斯港,多半要对此避而不提。同样,当口无遮拦的美国人四处诉苦时——"我怎么竟混到夏延州立大学来了?"——同样与世隔绝的英国人,则只会凄惨地回顾去牛津休假的事聊以自慰。

我自己的看法仍受着在戴维斯那一年的影响。该校原是加利福尼亚大学农学分部,地处荒僻艰险的萨克拉门托河三角洲,四野稻田环抱,最近可算地标的地方只有旧金山,却有着330万册藏书的图书馆、世界一流的研究设施以及美国顶尖的绿色能源项目。我当时认识的最为有趣的同事中,有些人从未离开过那里。这对当时的我来说堪称不解之谜:一年教学结束后,我谨慎撤退,回到了剑桥那古老的英国式的熟悉环境中。然而一切都变得不同了。剑桥本身仿佛变小、变窄了:薄煎饼一般的芬兰区于我也变得疏远了,一如戴维斯的任何一块稻田。原来这世上任何地方都可以是:吾之家园,彼之异乡。

约翰·多恩(John Donne)形容他的情人,说她就像"美国":是他新寻得的大陆,等待着情欲初萌。其实美国本身也像个情人,若即若离,即便到了中年,体重超标且妄自尊大,她仍余有一丝风韵。对审美疲劳了的欧洲人来说,她的矛盾和新奇正是这残存风韵的一部分。这块老牌"新大陆",一年又一年地(花着别人的钱)发掘自己:它是躲在前工业时代神话中的帝国,既危险,又单纯。

我也曾被诱惑。一开始，我在大西洋上来回无定：对两岸都怀有矛盾的情感。对我的先人而言，移民实属下策：是因为恐惧与赤贫。他们别无选择，便也不曾困惑。我是自愿移民的，于是可以告诉自己，选择只是暂时的，随时可以推翻。很长一段时间里，我都时不时会冒出回欧洲教书的念头，而只有在美国，我才觉得自己是个十足的欧洲人。我终究是被同化了：在落脚波士顿二十年后，彻底变成了一个美国人。

# 中年危机

别的男人会换个妻子，有些则换辆车，甚或更换性别。中年危机本来就是要借由一些异样的行动来证明自己仍然保持着年轻的心。当然，"异样"是相对而言的：中年危机之苦，引发的行为常彼此相似——否则便不是中年危机了。不过我的中年危机真有些不同。我处于恰当的年龄、恰当的阶段（与第二任太太正在闹离婚），经历着中年常有的各种不确定：追问这一切究竟意义何在。不过我采用了自己的方式。我去学捷克语了。

20 世纪 80 年代初，我在牛津大学教政治。有工作保障，有职业责任，还有个环境良好的家庭。婚姻美满自是不敢想的，不过我已习惯了不美满。问题是学术上我不再投入了。那段时间的法国史落到了不知所谓的坏人手里：社会史提出所谓"向文化转向"，出现了动辄"后"某某主义的潮流。新创设的"亚学科"迫使我没完没了地读些面向所谓学术精英的艰深冗长的文本，且这些学科信徒势力越来越大。我感到了厌倦。

1981年4月24日那天，《新政治家》(New Statesman)杂志刊载了一封化名为法兹拉夫·拉采克（Václav Racek）的捷克"持不同政见者"的来信，信中他礼貌地反驳了E. P.汤普森的一篇文章，在该文中，这位伟大的英国历史学家称，东西方对"冷战"及"冷战"后果负有相同的责任。自然，拉采克提出，共产主义的责任应该更大一些吧。汤普森对此报以一通傲慢而轻蔑的长篇大论，说这个捷克"持不同政见者"对自由的"天真"理想与自己为"英国自由所做的辩护"虽然同样可贵，但考虑到这个拉采克如此单纯必受了误导，所以"不难理解为何一个捷克知识分子会这样去想"。

我被汤普森的傲慢激怒了，并写信做了如是表达。我的介入——以及所表现出的同情——令我有幸得以赴伦敦会见因1968年事件流亡的杨·卡万[1]。我们见面时，卡万正坐立难安。他在泰晤士电视台的访谈中因话到兴头而失口，他担心会因此而暴露捷

---

[1] 杨·卡万（Jan Kavan, 1946— ），20世纪70年代始流亡英国，流亡期间任《帕拉赫新闻》(Palach Press)和《东欧报道员》(East European Reporter)的编辑、东欧文化基金会（ECF）副主席。捷克斯洛伐克解体后回到捷克。1998年至2002年任捷克外交部部长，1999年至2002年任捷克副总理。

克地下党成员的信息。他问我是否能去叫停这档节目的播出。

卡万竟以为,区区一介牛津大学的小讲师能有这等影响力,我简直受宠若惊。明知希望不大,我还是径直去了演播室。节目编导恭敬地听完了我的话;很快发觉我其实并不了解捷克斯洛伐克,也不清楚地下党运动,甚至对卡万是何许人也不很清楚;算准我就连在自己这一行业内的影响力都微乎其微……便礼貌地把我扔出去了。

第二天晚间,节目照常播出。据我所知它并未殃及任何人,然而杨·卡万的声望却受到了严重打击:许多年后,剧变之后的的捷克共和时代,杨·卡万的政治对手指控他勾结老牌帝国时,泰晤士电视台的这段访谈也成了立论的证据。

晚上回到牛津,愧于没能帮上忙,也羞于自己地方主义的狭隘无知,我做了一个虽不起眼但多少自成深远影响的决定:去学捷克语。我对泰晤士电视台的无视无所谓:无足轻重倒不令我烦恼。然而既被人看轻又被认为孤陋寡闻,这令我受不了。平生第一次,我发觉自己居然在大谈一个连其语言都不懂的地方的问题。我明白这对政治学家来说是家常便饭,但这正是我不当政治学家的原因。

于是,我在80年代初开始了一门新语言的学习。我买来了《自学捷克语》教程,利用"太太2号"漫长(且越来越令我欢喜)的外出时间,每晚花两小时自学。该书采用老派教学法,因此令人感到亲切。它针对斯拉夫语族的复杂动、名词变化,着重于大量的语法教学,穿插词汇、翻译、发音、特殊变化等练习。简单说来，这正是我当年学德语的方式。

　　学了几个月的初级课程后，我打算突破独立自学的限制，因此决定去接受正规指导。彼时的牛津大学提供一流的语言教学，能学到各种听说过与没听说过的语言，于是我便适时报名参加了初/中级捷克语班。我记得，班上连我只有两个人；我的同学是一位牛津大学历史学家前辈的太太，她自己就是个颇具天赋的语言学家。为赶上她，我颇费了番功夫。

　　到了80年代后期，我对捷克语的被动运用已经有了一定的水平。我在此必须强调，是被动运用：我很少在视听实验室外听到它，捷克也只去过不多的几次，且已经认识到，在中年早期，一个人要掌握一门陌生语言是相当慢的。但是我很擅长阅读。我读的第一本捷克语书是卡雷尔·恰佩克的《与 T. G. 马里萨克对话》(Hovory s T. G. Masarykem，英文书名为 Conversations with Thomas Masaryk)，该书收录了大量该国最伟大的剧作家与第一任总统之间的谈话和交流。读罢恰佩克，我又读了哈维尔，并且开始写他。

　　因为学捷克语，我还去了捷克斯洛伐克，加入了由罗杰·斯克鲁顿（Roger Scruton）为帮助被捷克大学开除或拒收的讲师和学生而组织的书籍走私小队。从1985年到1986年，我一直在其中做一颗默默无闻的螺丝钉。我在私人寓所中，面对满屋专注的年轻人授课。这些人渴望辩论，且不受学术声望和流派的桎梏，令人耳目一新。当然，我用英语讲课（虽然老一辈教授更爱用德语），只有在便衣警察故作轻松地问我一些很容易就被识破意图的问题时，我才勉强算是用了些捷克语。这些便衣总是守在"持不同政见者"家楼外的路灯下，向每个进入大楼的人询问时间，以鉴别他们是不是外国人。

那时的布拉格是一个灰色而忧郁的地方。古斯塔夫·胡萨克领导下的捷克斯洛伐克虽然发展得还算好（仅次于匈牙利），但仍显得刻板而消沉。然而我却被卷入热切与兴奋的旋涡之中一再前往，每次返回牛津时，都因获得了新的想法而振奋、激动。

我开始教授东欧历史，并——诚惶诚恐地——书写它。其实，东欧让我最感兴趣的，是它非正式的地下力量。我阅读、讨论瓦茨拉夫·哈维尔、亚当·米奇尼克[1]、亚诺什·基什[2]等人及他们朋友的书，并（最终）会见了他们。我由此找回了对政治的热情，且无论是为了学术研究还是从个人爱好出发，都重拾了对一个60年代末以降少有人了解，至少我不了解的紧要事件的兴趣；而这一事件，就我的记忆而言，正是那十年间意义最为重大、影响最为深远的事件。或许这么说有些夸张，但我对中欧与东欧的深入，的确帮助我找回了生活。

---

1 亚当·米奇尼克（Adam Michnik, 1946— ），波兰思想家，有"反对派运动设计者""传奇当代思想家"之称，现任波兰大报《选举日报》（*Gazeta Wyborza*）主编。
2 亚诺什·基什（János Kis, 1943— ），匈牙利哲学家、政治科学家。20世纪70年代起积极参政，1991年退出政坛，现为中欧大学政治学和哲学教授。

回到牛津后,我频频拜访来自中欧、东欧的专家和流亡者。我主办了帮助苏联流亡知识分子安家的项目。一些年轻的历史学家或普通人对欧洲这一既少人问津又无端缺乏研究的地区有兴趣时,我甚至会帮助他们建立各自的事业。离校赴纽约后,我又在宽松得多的资金条件下,将这件事坚持了下去。

通过波兰这个国家,以及我的新朋友中那些身处波兰或流亡在外的人,我与我自己的东欧犹太血统建立起了联系。这之中最大的收获,也是让我一直感到惭愧的,便是发觉了一个我曾一无所知的、丰富而诱人的文学世界:即便是最好的英国教育也存在狭隘之处,无疑,我的无知与之不无关系,但其中也有我自己的责任。

换言之,学习捷克语使我很大程度上变成了一个不一样的学者、不一样的历史学家以及一个不一样的人。假设我当时学的——比如说——是波兰语,改变是否也如此巨大呢?我的朋友一定会有这种想法:对他们来说,捷克语只是斯拉夫语族中小小的一个分支(正如我的俄国同事们后来对波兰语的看法一样),学习捷克语,于他们而言就好比莫名其妙去精修——比如——威尔士国史一样。我则不以为然:那种波兰(或俄国)所特有的文化优越感恰恰是我要全力避开的,我更看好的,是捷克文化所特有的疑问、不确信以及它充满怀疑的自嘲。这些特质我已通过对犹太作家的了解而悉知。比如最突出的——卡夫卡,而他同时也是个一流的捷克作家。

倘若不是迷上了捷克语,我便不会于1989年11月置身布拉格的城市广场,从阳台上亲眼看到哈维尔荣登总统之席。我不会坐在布达佩斯的葛莱特宾馆,聆听亚诺什·基什讲述他以社会民主主义重振匈牙利的计划——这个对当地来说最为美好的愿景,即便在当时看来也是难以实现的。倘若不是迷上了捷克语,几年后的我不会出现在北特兰西瓦尼亚的马拉穆列什地区,为撰写一篇关于罗马尼亚在剧变之后遗留问题的论文搜集资料。

最重要的是,倘若不是迷上了捷克语,我也不可能把自己从1945年以降目睹的欧洲史写成《战后欧洲史》一书。无论有何种不足,我在这本书里将一分为二的欧洲整合为一的决心至少是可贵的。从《战后欧洲史》可以看出,某种意义上来说,我志在成为一名全面的欧洲史学家,而不愿追随法国史学潮流只做个精准无误的评论家。我对捷克的猎奇既没有替我赢得一位新太太(直至后来才作为间接原因促成了我的另一段婚姻),也没有赐予我一辆新车,然而我的这个中年危机,大约是所有中年危机里最好的一种。它根治了我身上后现代学院派方法论至上的毛病。不管怎样,它也在客观上使我成了一个值得信赖的公共知识分子。天地之大,比西方哲学所能梦想到的还要大出很多,而我窥见了其中的一部分,虽然这一刻姗姗来迟。

# 被禁锢的头脑[1]

几年前,我曾赴波兰与立陶宛的边境小镇克拉斯诺格鲁达,参观经过重建的切斯瓦夫·米沃什祖宅。当时,我在边境基金会主席克日什托夫·奇热夫斯基(Krzysztof Czyzewski)家借住,该基金会为见证两地冲突史而建,旨在帮助当地人重建友好关系。正值隆冬,放眼四野一片雪白,偶尔可见覆有冰雪的树木、电杆聚在一处,标出国境线。

主家兴味盎然地谈着在米沃什祖宅举办文化交流活动的计划,我却沉浸在了自己的思绪里:70英里外的皮尔维什基艾(在立陶

---

1 译名参考了广西师范大学出版社2013年出版的切斯瓦夫·米沃什作品《被禁锢的头脑》(*The Captive Mind*)。

宛境内),是我姓阿比盖尔的父系亲人生活过并死去(有一些死在纳粹手里)的地方。1891年,我们的亲戚梅耶·伦敦就是从那附近的一个村子移民去了美国;他曾是第二个入选美国众议院的社会党人。1914年,一群无耻的纽约犹太富人和一帮美国犹太复国主义者联合起来将他逐出了众议院;前者讨厌他的社会主义信仰,后者则因为被他多次公开质疑自己的活动而深感受到妨碍。

对米沃什来说,克拉斯诺格鲁达——"红土"——是他的"原乡"(波兰语的原著名就是 *Rodzinna Europa*,译为"欧洲故土"或"欧洲的家"更为妥当)[1]。而我凝视眼前这片了无生气的雪白大地,却只能想起耶德瓦布内、卡廷和巴比亚尔[2]——三处离得都不远;不禁也想到我自家的黑暗往事。克日什托夫·奇热夫斯基当然知道这一切:事实上,正是由于他力排众议,杨·格罗斯对耶德瓦布内大屠杀的纪录[3]才得以在波兰出版。不过,因为诞生过波兰20世纪最伟大的诗人,此地萦回不去的悲剧气氛似乎得到了一

---

[1] 切斯瓦夫·米沃什(Czesław Miłosz, 1911—2004),《原乡》(*Rodzinna Europa*),双日出版社,1968年。——原注

[2] 纳粹曾在耶德瓦布内屠杀波兰犹太人,苏联内务人民委员会曾在卡廷屠杀波兰人,巴比亚尔则是纳粹在割占时期执行多次屠杀的场所,其中最为惨绝人寰的一次屠杀中,共有33771名犹太人在巴比亚尔被处决。

[3] 杨·格罗斯(Jan Gross, 1947— ),《邻人:波兰小镇耶德瓦布内中犹太群体的灭亡》(*Neighbors: The Destruction of the Jewish Community in Jedwabne, Poland*),普林斯顿大学出版社,2001年。——原注

定的消解。

米沃什，1911年生于俄属立陶宛。事实上，正像许多波兰文学家一样，从地理划分来看，他并不算严格意义上的"波兰人"。亚当·扎加耶夫斯基（Adam Zagajewski）是尚在世的波兰大师级诗人之一，出生在乌克兰；耶日·杰得罗依茨（Jerzy Giedroyc），20世纪波兰最主要的流亡文学家，和波兰19世纪文学复兴时期的标杆人物亚当·密茨凯维奇一样，出生在白俄罗斯。尤其是立陶宛的维尔纽斯，是个汇集了波兰人、立陶宛人、德国人、俄国人、犹太人和其他各地区人民的大熔炉。（以赛亚·伯林和哈佛政治哲学系教授朱迪丝·施克莱都出生在附近的里加。）

米沃什在两次世界大战之间的波兰共和国长大，挨过了此后的割占时期，他身为新共和国的文化大使被送往巴黎时，已是小有名气的诗人。1951年，他彻底投奔西方世界，并于两年后出版最具影响力的作品《被禁锢的头脑》[1]。该书不断再版，在描绘"斯大林主义"对知识分子的诱惑，或更普遍地说，在描绘权力和集权主义对整个知识界的诱惑方面，迄今还没有哪一本书比它更深刻、更经得起推敲。

米沃什研究了四个同代人，阐述了他们如何在自我欺骗中从

---

[1] 切斯瓦夫·米沃什，《被禁锢的头脑》（*The Captive Mind*，波兰语原书名为：*Zniewolony umysł*），波兰语原书出版于1953年；1981年由 Vintage 出版社出版英语版本。——原注

自主走向服从，强调了一种他所称的知识分子对"归属感"的需求。他的研究对象中，耶日·安杰耶夫斯基（Jerzy Andrzejewski）和塔德乌什·博罗夫斯基（Tadeusz Borowski）对英语读者或许并不陌生，前者是《灰烬与钻石》（Ashes and Diamonds）的作者（由安德烈·瓦依达改编为电影），后者就奥斯维辛集中营中的焦灼往事写就了《毒气室往这边走，女士们、先生们》（This Way for the Gas, Ladies and Gentlemen）。

但《被禁锢的头脑》之所以令人难忘，却是因为以下这两个意象。一是"穆尔提丙药丸"。这是米沃什在看斯坦尼斯瓦夫·伊格纳奇·维特凯维奇（Stanisław Ignacy Witkiewicz）所写的一本名不见经传的小说《永不满足》（Insatiability，1927）时，偶然读到的。在这个故事中，即将被一个亚洲游牧部族征服的中欧人，集体服下了一种小药丸，从此再没有了恐惧和焦虑；药丸的松弛作用，使他们不仅接受，而且是愉快地接受了新的统治。

二是"凯特曼"[1]的意象。"凯特曼"这个词从阿蒂尔·德·戈比诺（Arthur de Gobineau）的《中亚的宗教与哲学》（Religions and Philosophies of Central Asia）一书中来，书中这位法国旅人记叙了在波斯国观察到的一种"表里不一"的现象。那些将凯特

---

[1] 凯特曼（Ketman）是一种表面上服膺政权、成为其喉舌，暗中却与其意见相左的行为，是一种在持反对意见可能招致杀身之祸时，为自保而采取的政治伪装。

曼内化于心的人，能够在自身的言论与信仰相左的状态下生活，一边游刃有余地适应每一个新统治者的要求，一边坚信自己仍保有自由人的自主性，或至少仍保有自发选择服从他人理念和裁决的人的自主性。

用米沃什的话来说，凯特曼"解除了心理负担，滋养着意淫之梦，使四面竖起的牢墙，皆化为令人获得慰藉的失神幻想的机会"。写作却避不示人变成了内心自由的象征。读者迟早会理解凯特曼的，只要他们有朝一日能读到他的作品。

东欧知识分子普遍恐惧西方世界经济体系对其艺术家和学者的漠不关心。他们说，宁与睿智的恶魔打交道，也不理睬善良的白痴。

在凯特曼和穆尔提丙药丸之间的篇幅里，米沃什还对政治同道者、盲信的理想主义者和随波逐流的犬儒主义者的心理状态做了精彩的剖析。他的文章比阿瑟·库斯勒的《中午的黑暗》深刻，又不似雷蒙·阿隆的《知识分子的鸦片》那样逻辑艰深。我曾在多年来自己最喜欢的一门课上讲过它，这门课主要研究中欧、东欧散文和小说，除米沃什外，还讲到米兰·昆德拉、瓦茨拉夫·哈维尔、伊沃·安德里奇、海达·科瓦丽（Heda Kovály）和保罗·戈马（Paul Goma）等作家的作品。

然而我发现，虽然昆德拉和安德里奇的小说、科瓦丽和叶夫根尼娅·金斯伯格（Yevgenia Ginzburg）的回忆录在题材上都很陌生，美国学生却能读懂，可《被禁锢的头脑》则常让他们费解。米沃什以为他的读者凭借本能就能把握那种信徒的心理状态：那些归顺历史潮流的男女，虽然体制剥夺了他们的话语权，他们却要向这体制看齐。1951年的当时，他会认为这种现象——无论其成因是法西斯政体还是其他政体，抑或是任何别的压迫性政治体制——谁也不陌生，当然有充分的理由。

70年代，我第一次给向往成为激进派的学生们讲这本书时，将大量的时间花在解释为什么"被禁锢的头脑"不好。三十年后，我年轻的听众们彻底一头雾水：全然不理解一个人何以将灵魂完全交给一种信念。到了世纪之交，我的北美学生几乎无人见过马克思主义者。为世俗信仰放下个人利益已经超出他们的想象范围。

当代学生看不出这本书的意义何在：整件事看来毫无意义。镇压、受难、讽刺甚至宗教信仰，这些他们尚且可以领会。但意识形态上的自我催眠呢？米沃什身后的读者们的费解，恰恰就是他曾精彩形容过的西方人和政治移民的费解："他们不懂一个人——那些国境外的人如何付出，他们不会明白。他们不知道这个人换取了什么，又以何种代价才将之换来。"

也许他们真的不懂。但世间并非只有一种禁锢。就在几年前，乔治·W.布什疯狂鼓吹战争时，知识分子们不正是六神无主地纷纷用起了凯特曼吗？他们中没有几个会承认自己赞赏总统，更不要说去赞同他的世界观。于是，这些人一边与他为伍，一边坚持保留个人观点。后来，意识到大错铸成后，他们又纷纷将矛头指向行政部门的失职。实际上，他们是以凯特曼式的自我辩护，骄傲宣称"我们犯错犯得对"——这不正像是法国政治同道者们自我辩护时所说的"宁肯跟着萨特错，不愿跟着阿隆对"吗？

如今，我们仍然能够听到围绕反对某些极端主义，企图重燃"冷战"战火的余音。但这还不是我们这个时代真正的精神禁锢。当代对"市场"的信仰——盲信它的必然性、进步性和历史经验——与19世纪的景况同样惨烈。倒运的工党财政大臣菲利普·斯诺登在1929年至1931年的任期中，面对经济萧条束手无策，宣称反对资本主义必然规律毫无意义。正是出于与之相同的盲信，今天的欧洲领袖为安抚"市场"，也都纷纷一头扎到财政紧缩中去。

然而"市场"只是个抽象概念：一方面很讲道理（其论据所向披靡），一方面又无理可讲（它不容人们质疑）。它有它的忠诚信徒——和概念的创始人相比，这些信徒不过是一群庸碌之辈，只是在影响力上不逊于先人罢了；有它的支持者——尽管暗自质疑其原则主张，却继续拥护鼓吹，而没有试着另寻他法；也有它的受害者，尤其在美国，许多人都已老老实实吞下"药片"，集体颂扬市场主义的优点，尽管这些优点永远不会给他们带来一丁点儿好处。

最主要的是，人民越是集体丧失另辟蹊径的想象力，就说明他们被一种意识形态束缚得越紧。我们对无节制信仰市场自由化所造成的损害都很清楚：直到最近还仍在脆弱的发展中国家范围内严格执行的"华盛顿共识"——强调加强财政紧缩、私有化、低关税及宽松管制——已使百万人口失去了生计。同时，严格限制救治型药物买卖的"商业条约"，也已经导致许多地方的人均寿命出现了大幅下降。然而，正如玛格丽特·撒切尔的不二箴言所说的那样："我们别无他法。"

米沃什的《被禁锢的头脑》付梓之后，西欧仍有知识分子在探讨几个很有希望的社会模型——比如社会主义民主制度、社会主义市场制度和以规范市场为基础的资本主义民主变体。如今呢？除了个别凯恩斯主义者还在底层发表异见，所有人都被资本主义收编了。

米沃什认为："东欧人很难不视美国人为小儿科，因为美国没有经历过什么足以让他们明白个人判断不过是个人思考习惯之产物的事件。"确实如此，而这也就是为什么东欧在面对单纯的西方世界时，至今仍抱着怀疑态度。然而，在面对当代的"合一运动"[1]时，西方和东方的公共言论无不自发地呈现出了同样的谄媚态度，没有哪一方是"单纯"的。像凯特曼一样，他们心中明白是非，却不愿当"出头鸟"。距离米沃什出生一百年、他最重要的文字出版

---

[1] 原指19世纪初，欧洲发起的一项旨在将现代基督教内各宗派和教派重新合一的运动。此处影射所有价值观、所有主义都被资本主义"合一"的局面。

五十七年的今天,米沃什对谄媚的知识分子的指控,正前所未有地振聋发聩:"他最大的特点,便是他对自己思想的惧畏。"

## 女孩，女孩，女孩

1992年，我在纽约大学历史系当系主任，是系中唯一一个六十岁以下的单身男性。"锦上添花"的是：大学性骚扰举报中心的地址和电话就赫然印在我办公室门外的公告板上。历史学是一个女学生越来越多的专业，系学生会时刻准备打击任何带有性别歧视——或其他更恶劣的——意味的言行。肢体接触即构成恶意企图，关上办公室的门就足以定罪了。

我上任后不久，一个二年级研究生来找我。她曾是芭蕾舞者，因对东欧历史有兴趣，别人鼓励她来我这儿。我那学期没有课，本可以让她改日再来。然而我没有，相反，我将她请进了办公室。我们关起门来讨论了一番匈牙利经济改革，然后我建议她进行自主研究——由我做导师，翌日晚间起在附近的餐馆进行。几节课后，我突然强打勇气，请她去看了《奥里安娜》(Oleanna)的首演，一部戴维·马密特（David Mamet）创作的讲大学性骚扰事件的无聊话剧。

怎样解释这种自我毁灭的行为呢？我脑内的宇宙究竟是有多梦幻才会以为唯独自己能安然度过那艰难克己的一小时，而两性规范交往的警钟却不会为我敲响？我对福柯的了解不输他人，也熟悉费尔斯通、米利特、布朗米勒、法鲁迪[1]之辈[2]。假使我说这女孩的双眼令人难以抗拒而我的意图又……还不明朗，显然对我没有任何好处。那我有什么借口可说？拜托，先生，我可是经历过60年代的人。

60年代早期的青春期男性过着一种出奇封闭的生活。我们仍然秉承着父母的伦理观。由于都没车，加上家都小，没有私人空间，虽有避孕药，但除非愿意面对一脸反感的药店店员，否则无法买到：种种因素使然，那个年代的男女约会十分艰辛。于是大家都有充分理由认为，那时的孩子，无论男女，都纯洁，都百事不懂。我认识的男生大部分在男校上课，与女性罕有接触。我和一个朋友曾将辛辛苦苦挣来的钱花在斯特里特姆的洛尔卡诺舞厅，上周

---

[1] 分别著有《性的辩证法》(The Dialectic of Sex)、《性政治》(Sexual Politics)、《违背我们的意愿》(Against Our Will) 和《反挫：谁与女人为敌》(Backlash: The Undeclared War Against American Women)。——原注

[2] 此处原文为意大利语：e tutte quante。

六早上的舞蹈课；然而到了当年的联谊会，从戈尔多芬和拉蒂默学校来的女生照样笑话我们。我们于是终止了学跳舞的尝试。

即便你有对象约会，那感觉也像是在追求自己的奶奶。那个年代，女孩约会个个穿得俨然马奇诺防线：钩扣、束带、束腰、尼龙袜、提臀裤、吊袜带、衬裙外加胸衣。前辈们安慰我，说这些只是性感的小障碍，很容易绕开。然而我却产生了恐惧。而且，根据当时的电影、文学作品来看，产生恐惧的可不止我一个。过去的我们，都活在切瑟尔海滩上[1]。

接下来，我们却惊讶地发现自己竟置身于"性革命"之中了。不过几个月，整整一代的女性就脱下穿了一个世纪的内衣，纷纷换上了超短裙和丝袜（或只是超短裙而没有丝袜）。我认识的1952年后出生的男性中，别说见了，连听过上文列出的女式内衣的人都少之又少。法国流行乐手安托万在歌中乐观地唱着到"不二价"大卖场（相当于法国的凯马特）买避孕药的事。[2] 而在剑桥大学的我，则冷静而老练地帮一个朋友为他的女友安排了一次堕

---

[1] 此处影射伊恩·麦克尤恩（Ian McEwan, 1948— ）所作小说《在切瑟尔海滩上》，已有中文译本。小说讲述一对处子之身的新婚男女在切瑟尔海滩度蜜月时，因两人对待性的态度不同和彼此间的误解而发生的种种纠葛。

[2] 如何国富民强呢？让"不二价"免费发放避孕套就行了。——《苦心之作》(*Elucubrations*)，1966 年。—— 原注

胎手术。每个人都在"玩火"。

或者说,每个人都声称自己在"玩火"。我那一代人相当重视理论和实践之间的差别——我在加州认识的一个人,就用整整一篇博士论文探讨了"理论与实践中的理论与实践"。在性爱方面,我们的言行是相互矛盾的。理论上标榜自己勇于革新,现实中却是一群循规蹈矩的人:少年时期度过的50年代对我们的影响,要比青春期的60年代更深。我们中许多人很早就成了家,且大多娶了各自交往的第一个正式女友。许多人的婚姻一直持续到现在。我们为他人行为自由的权利而战斗,自己反而没大张旗鼓地干过什么。

我的前辈们成长在一个逼仄的,有如《幸运的吉姆》和《愤怒的回顾》中所写的世界里。他们对规则既敬且畏,也许会勾引小职员或女学生,但仍本能地受到纪律的束缚,不敢将自己的幻想活成现实。相比之下,我们这一代的情况则是幻想、现实不分彼此。60年代的唯我主义——"做爱,不作战""走自己的路""做自己就好"——一举冲破了所有的禁忌。但它同时也模糊了伦理标准,因为没有什么是不可逾越的了。

1981年,我刚到牛津时,曾请一个学生和她的男友吃饭。我太太和我当时住在乡下的一个小村子里,那对年轻情侣抵达时,天降大雪。于是两人只得在我家过夜。我没做多想,就领他们去了有张双人床的小客房,随后便道了晚安。过了很久我才突然想到,尚不知他俩是否同床睡。几天后,当我小心翼翼地重提此事时,年轻姑娘拍着我的肩膀说:"别担心,托尼,我们理解你这种60年代的作风!"

我的后人们从老规矩里解放出来,又给自己戴上了新枷锁。20世纪70年代之后,美国人严格抵制任何带有骚扰意味的言行,甚至不惜抹杀友谊的可能性和暧昧的乐趣。他们像十年前的人一样,虽然出于不同原因,却也严防死守到了不自然的地步。这不禁令我沮丧。清教徒禁人我之欲尚有自己的理论可依,如今这些人畏首畏尾却没有什么好理由。

虽然如此,当代社会对性关系的紧张情绪,偶尔也能给生活带来一些笑料。我在纽约大学人文学院任院长时,一个颇有前途的年轻教授被他系里的研究生指控对其有不正当接近。原来,他跟踪人家进了储藏间,并向她表白了。我去核实时,年轻教授承认了一切,并求我切勿告诉他太太。我的心情很矛盾:教授当然做了蠢事,但他一没有实施恐吓,二没有用成绩利诱。不管怎么说,他最后还是得到了严厉的警告。实际上,他的事业也等于毁了——系里后来不再留任他,因为再也没有女生愿意上他的课。而他的"受害者"则接受了常规心理辅导。

几年后,有人请我去校律师办公室,问我是否愿意作为被告方证人出庭,因为那同一个女生又把纽约大学给告了。注意,律师提醒我:这个"女生"实际上是"男生",这回起诉是因为学校没能认真对待"她"作为一个变性人的需求。官司要打,但我们也不能显得麻木不仁。

于是,我来到曼哈顿最高法院,向忍俊不禁的、由管道工和主妇组成的陪审团解释了大学性骚扰的复杂情况。学生方的律师向我大力施压:"是否有人已经告知您我方当事人选择改变性别的事,因而影响了您的理性判断?""我认为不会,"我回答说,"我一直视她为女性,这不正是她所希望的吗?"大学最后打赢了官司。

还有一次,一学生指控我因其未提供性利益而"区别对待"她。系里的调解专员—— 一个讲道理且素有不肯因循守旧之名的女士——居间调查时发现,学生实际上是因为我没有请她参加我的研讨会而不满:她认为参加进来的女性必定都得到(并付出)了优惠待遇。我解释说,请她们来是因为她们更聪明。女生震惊了:原来除了性以外,被区别对待还有其他原因。她怎么也没想到,我不过是个精英主义者罢了。

有一个现象很能说明问题。与欧洲学生探讨带有露骨性描写的文学作品时——比如米兰·昆德拉的作品就是一个明显的例子——他们向来很放松。相反,美国年轻人——无论男女,平时个个直截了当,这时候却纷纷陷入紧张的沉默中:因为害怕逾越界限,他们不太愿意参与这样的讨论。然而,"性"——抑或文艺些的提法,"性别"——却是他们解释现实世界成年人行为时,首先想到的因素。

然而,正像许多其他问题一样,我们对待性时,也把60年代的态度太当真了。对待性(或性别)时,过分关注或彻底无视,都是扭曲的。而只有把政治当娱乐、把政治当作自我的外在投射的人,才会想到要拿性别(或"种族",或"民族",或"我")而不是社会地位或收入区间来区分人类。

凭什么所有的事都得跟"我"扯上关系?我的关注点对作为整体的大众来说,有什么要紧的?我个人的需求就能代表大众的需求吗?"个人的就是政治的",说这句话到底什么意思?如果所有的事都是"政治的",那便没有什么事是政治的。我突然想到了格特鲁德·斯泰因(Gertrude Stein)在牛津大学讲当代文学的一堂课。有人问她:"那么女性问题呢?"斯泰因的回答应该被张贴在从波士顿到伯克利的每一处大学公告栏里:"不是每件事情,都能涉及所有问题。"

我们青春期随便喊出的一番口号,竟成了此后一代人的生活方式。但至少60年代时,大家心里都清楚——不管嘴上怎么说,性……就只是性。当然,对此后果我们还是难辞其咎的。是我们——左派、知识分子、教师——将政治放手给了一群对掌握实际权力比探讨权力的隐喻内涵更有兴趣的人。而"政治正确"、性别政治以及对情绪伤害过分小心翼翼的做法(仿佛不受冒犯是一种权利），就是我们从中得到的一切。

　　我为什么不能把办公室的门关起来？为什么不能请学生去看话剧？倘若我"悬崖勒马"，不就成了彻头彻尾的集体主义的"自我阉割"——未被谴责先觉有罪，给别人做了懦弱胆怯的先例？正是如此，而且正因为此，我看不出自己的行为有什么过错。当然，若不是我在牛津、剑桥年间树立起的精英做派的自以为是，恐怕也不会有如此行动的勇气——虽然我一贯承认，知识分子的孤高和一个人的时代优越感之结合，的确很容易让这个人产生自己坚不可摧的幻觉。

　　事实上，正是这种自认无往不利的态度——一旦失之极端——引发了比尔·克林顿自毁前途的越轨，也导致托尼·布莱尔以为，参战正确性和战争必要性仅凭他一家之言即可决定。然而请注意，纵使再如何不知收敛地招惹是非、炫耀姿态，克林顿和布莱尔——以及布什、戈尔、布朗和许许多多我的同代人——还都继续与各自的第一任正式女友保持着婚姻关系。这方面我自认不如——我于1977年、1986年两度离婚。然而，60年代那种激进态度和保守家庭观并存的现象，依然以其他的方式困住了我。那么，我是怎样在苟且地约会了那位有着明亮双眼的芭蕾舞者后，又逃脱了性骚扰警察的制裁的呢？

　　读者们：我与她结婚了。

# 纽约，纽约

1987年，我突发奇想，决定去纽约大学。是时，撒切尔主义对英国高等教育的打击才刚开始，可即便是牛津大学的前景也已颇为堪忧。纽约大学吸引了我：该校创建于1831年，虽然不是当时新办的学校，但在纽约几所著名大学里仍算后来者。由于还不是"山上的城"[1]，它在定位方面就要更放得开些：与牛津、剑桥这两座出世的象牙塔不同，它大胆宣称自己要成为"世界之都"中心的"全球性"大学。

---

[1] 典出《圣经·马太福音》第五章到第七章的"山上宝训"段落，其中的主题之一，便是基督徒应成为世上的盐和光。原文为："你们是世上的光。城造在山上，是不能隐藏的。""山上的城"（city on a hill）形容处在高处的事物，因得万众瞩目而更不容差池、须能做出表率。

然而"世界之都"究竟是什么？墨西哥城，人口1800万；圣保罗，人口1700万；可它们是城市扩张的烂摊子，不能算"世界之都"。相反，巴黎市中心的居民从来不超过200万，却是"19世纪世界之都"。难道这是因为去巴黎的游客多？如果是这样的话，（佛罗里达的）奥兰多也算大都市了。国家首都的地位似乎也不说明问题：想想看马德里和华盛顿（还有盛时的巴西利亚）。财富多寡恐怕也不是关键：在可预见的将来，上海（人口1400万）和新加坡（人口500万）必将跻身地球上最富有的城市之列。可有谁会认为它们是"世界之都"？

我曾在四个堪称"世界之都"的地方待过。伦敦自拿破仑战败至希特勒称霸前，曾是世界商业金融中心。世代与它竞争的巴黎，自凡尔赛宫建成到阿尔贝·加缪辞世，一直是广纳世界各地文化的宝地。维也纳的盛时也许最短暂：起于哈布斯堡王朝末期，只几年便陨落，然而论辉煌的璀璨程度，它使以上两个城市都黯然失色。然后，便轮到了纽约。

我能在这些城市走下坡路时体验到它们，不能不说也是一种幸运。鼎盛时，它们倨傲、自负；衰微了，那些平时不易显见的优点倒是变得清晰了：大家终于不再整天说你身处那座城市应该感到多么幸运了。即便是在"摇摆伦敦"[1]那样的盛期,伦敦的自我夸耀中就已经有了一些一击即破的东西,仿佛它自己也清楚,那段日子不过是一场转瞬即逝的秋老虎。

如今,英国首都无疑在地理意义上仍占据世界中心位置——它艳俗而浮华的机场也是世界上最繁忙的机场。它自诩拥有世界顶尖剧院和过去所没有的世界主义人种多样性,然而这一切并不牢靠,因为它靠的是别人的钱,正所谓伦敦是资本的首都。

等我到了巴黎,世上大部分人又都不屑于说法语了(这一点法国人过了很久才肯承认)。如今谁还会像罗马尼亚人在19世纪末那样,为了成为"东欧巴黎"而专门重建自己的国家,一定要造出像胜利街那样的大道呢?法语有个词,专门用来形容一种因缺乏自我安全感而不断向内看、忙于自我审视的惯性:对着肚脐眼的凝视——"自我耽溺"。他们已经自我凝视了一百多年了。

我来到纽约,又恰好赶上体验它甜蜜而忧伤的衰落。1945年到20世纪70年代,纽约曾在艺术方面领先整个世界。无论是想看现代派画作,还是想体验真正的音乐或舞蹈,拥有克莱门特·格林伯格(Clement Greenberg)、伦纳德·伯恩斯坦(Leonard

---

[1] 20世纪60年代,在从"二战"后的经济紧缩中恢复过来的伦敦,年轻人中兴起了一种狂妄浮华、积极乐观、享乐主义的风格。这种风格被1966年的一期《时代》杂志定义为"摇摆伦敦"(Swinging London)。

Bernstein）和乔治·巴兰钦（George Balanchine）的纽约都可以让你满意。纽约不仅是消费文化的地方，蜂拥而至的人们也纷纷创造着文化。在那几十年间，曼哈顿是汇聚了无数有趣与充满独创灵感的人的十字路口，且不断吸引着同道中人。再无一时一地能与之媲美。

纽约的犹太世界也同样在衰微。现在，谁还关心异见人士和时评人士（尤其是后者）对世界或彼此的看法？1979年，伍迪·艾伦尚可将二者结合,创造出"异见时评家"一词［见电影《安妮·霍尔》（*Annie Hall*）］博广大观众一笑。如今？时评及一些其他小报小刊都将过多的关注放在了"以色列"问题上：这恐怕是美国人历史上最"凝视肚脐眼"的一个时期。

纽约城里的知识分子帮派已经收起小折刀，撤到市郊去了；也有一些将战场挪到了被其余所有人类成员彻底遗忘了的大学院系楼内。俄罗斯与阿根廷那些不断围绕自身做文章的聒噪的文化精英也是一样，但这也正是莫斯科和布宜诺斯艾利斯在世界舞台上无足轻重的原因之一。纽约文化界一度举足轻重，然而其绝大部分成员却采取了维也纳咖啡馆团体的模式：他们变成了对自我、对所在团体，以及对团体局限于地方问题的争议的不断戏仿。

然而纽约却仍是"世界之都"。它不是美国的大城市——这项称号从来都属于芝加哥。纽约永远处于边缘：与伊斯坦布尔和孟买一样，它的独特魅力恰恰体现在它对内陆所有都市的不苟同、不合作态度。它的眼光是朝外的,也因此吸引那些居于内陆便浑身不适的人。它之于美国的关系,从不像巴黎之于法国:纽约从没有将视线完全放在自己身上过。

来此不久,我为改衣服而逛进一家裁缝店。年迈的店主为我量体后,抬起眼睛看着我(用东欧口音)说:"你的衣服在哪儿洗的?""呃,"我答道,"就在转角中国人开的洗衣房。"他直起身,长久而严厉地凝视着我,层层剥去了我身上的巴黎、剑桥、南部伦敦、安特卫普,直指我的东欧核心,(依旧操着东欧口音)说:"你为什么把衣服给中国佬洗?"

于是,如今我有衣服便交给这个裁缝约瑟夫去洗,顺便与他交换几句意第绪语和(他的)关于犹太人在俄国生活的回忆。然后从那里再往南,穿过两条街到皮蒂酒吧吃午饭。酒吧老板来自佛罗伦萨,鄙视信用卡,做得一手全纽约第一的托斯卡纳菜。倘若时间紧,我就再走一个街区,去以色列人那儿买一个油炸鹰嘴豆泥饼;更可以从街角的阿拉伯人那里买滋滋作响的烤羊肉。

50米开外,驻扎着我的理发师们:朱塞佩、克兰科和萨尔瓦多。三人都来自西西里,"英语"都说得像"马克斯小子"[1]。他们已在格林威治村待了不知多久,却仍未融入环境:要怎么融入呢?三

---

[1] 即伦纳德·"奇可"·马克斯(Leonard "Chico" Marx,1887—1961),美国喜剧演员,以说一口带意大利乡村口音的英语为个人特色。

人整天相互嚷嚷的都是西西里方言，声音已然压倒了他们获得娱乐和信息的主要通道——一个 24 小时放送的意大利语广播电台。回家的路上，我从克劳德那儿买一块拿破仑蛋糕，这个来自法国布列塔尼的坏脾气糕点师，曾送自己的女儿念完了一度也像巴黎高师那样严格的伦敦政治经济学院。

所有这一切都发生在我家周边的两个街区内，还不算锡克教徒的报摊、匈牙利人的面包房和一家希腊餐馆（其实卖的是阿尔巴尼亚菜，但我们都没去计较）。再往东过三条马路，又有个小小的哈布斯堡王朝：乌克兰餐馆、东仪天主教堂、波兰杂货铺，当然，还有老牌犹太熟食店——卖符合犹太教"洁净"标准的东欧特产。唯独缺少维也纳咖啡馆——这种咖啡馆，由于前文所述的现象，只有在城郊富人区才能找到。

伦敦自然也有如此丰富多样的人群汇集。但当代伦敦文化已被区域和收入水平巴尔干化了，比如，金丝雀港作为金融主轴地区，就始终与伦敦中部的少数民族飞地保持着距离。相比之下，从我居住的街区走几步就能抵达华尔街。在巴黎，能看见阿尔及利亚劳工移民的孙儿孙女在隐蔽的角落里从塞内加尔摊贩处买东西；阿姆斯特丹也有苏里南人和印度尼西亚人聚居：但这些不过是帝国遗留现象，被如今的欧洲人称为"移民问题"。

当然，我也绝不该将纽约过分浪漫化。我家附近的商贩、匠人们，恐怕大部分从未与彼此打过照面，相互间也没有什么可说的：晚上下了班，便各自回皇后区甚或新泽西州的家去了。倘若我对约瑟夫或萨尔[1]说，他们身处"世界之都"实在是幸运，两人恐怕要嗤之以鼻。但他们确实幸运——一如20世纪初那些在哈克斯顿沿街叫卖水果蔬菜的小贩，他们毕竟有幸身处凯恩斯在《和约的经济后果》中追忆过的伦敦，虽然他们也许并不知道凯恩斯写的是什么。

有一次，我在纽约参加晚餐会，有人问我心目中美国最强大的三件宝物。我迅速回答："托马斯·杰斐逊、查克·贝里（Chuck Berry）和《纽约书评》。"怕他再逼我排名，我还搬出第五修正案做挡箭牌。但我不是开玩笑。托马斯·杰斐逊自不待言（虽然在近来审查删改教科书的大环境下，恐怕也需有人来为他辩解一番）。查克·贝里也名副其实。但最忠实地保存着纽约城所受的国际影响的，却还是《纽约书评》（创刊于1963年）：纽约黄金时代的最后遗孤。

今天我们有《伦敦书评》《布达佩斯书评》《雅典书评》，还有人提出要办《欧洲书评》甚至《犹太书评》，这不是偶然的：每一本都是对"书评"鼻祖的致敬。然而每一本又都力有未逮。为什么呢？《伦敦书评》在一定程度上也有其代表性（而我作为一个

---

[1] 即"萨尔瓦多"的昵称。

偶尔也为其供稿的人，恐怕不能客观评价它）；但它完全只是伦敦的，反映着即便不是牛津剑桥式的，也至少是英式的都会左派分子的言论。其他几本则都有明显偏袒且目光狭隘。在布达佩斯，我应约写关于匈牙利作家哲尔吉·康拉德（György Konrád）的稿子，因内容冲撞权贵而被撤；想办一本《巴黎书评》，巴黎人却怀疑它是为了刊载出版商对书籍的炒作、为了以文学牟利而办，计划最终泡汤。

而《纽约书评》的特点，恰恰在于它写的不是纽约，写作的人主要也不是纽约人：它像城市本身一样，与地域、出身的关联是薄弱的。纽约之所以被称为"世界之都"，并不是因为第二大道上的乌克兰餐馆，也不是因为来自乌克兰的人几乎占领了整个布莱顿海滩：从克里夫兰到芝加哥，许多地方都能见到乌克兰人。而是因为，身在基辅的乌克兰有识之士也会去读这本纽约最著名的期刊。

我们正在经历美国的衰落。然而国家与王朝的衰败又是如何影响一个"世界之都"的命运的呢？现代柏林尽管是一个中等大小、宁愿自我耽溺的国家首都，却依然成了一个野心勃勃的文化之都。而巴黎，在法国近两个世纪的衰败中则一直保持着自己的魅力。

纽约——一个对世界舞台比自己老家更熟悉的城市——或许仍能一帆风顺。作为一个欧洲人，我在纽约比在与欧盟若即若离的"小卫星"英国时感觉更自然：我那些来自巴西和阿拉伯世界的朋友，在这点上与我感受相同。我们当然也各有各的不满。而且，我虽然想不出在这世上还有什么其他地方可以居住，却还是出于不同原因有许多地方很想前往。然而就连这种想到处去的感觉，也相当具有纽约味。成为一个美国人无非机缘巧合，但成为纽约人却是我自己选择的结果。大概我一直都是一个纽约人吧。

# 边缘人

"身份"是个危险的词。它在当代已不存在善意的用途。在英国,新工党政府在装了比其他任何民主国家都要多的闭路监控摄像头后,仍不满意,竟试图(虽尚未成功)以"对恐怖分子宣战"为契机,强制推行身份证。法国与荷兰杜撰出对身份概念的"国民舆论",不过是为两国利用民众反移民情绪牟取政治利益找了个拙劣的借口,也是两国将民众对经济前景的焦虑引向琐碎小事的无耻诡计。在2009年12月的意大利,身份政治的下限再次被刷新,布雷西亚地区竟然针对有色人种进行了一次挨户搜查,因为区政府做出了让大家过一个"白色圣诞"的无耻承诺。

校园生活使用该词的恶意也毫不逊色。本科生如今有一大堆针对身份的课题可选:"性别研究""女性研究""亚太美国人研究"，不胜枚举。这些课外研究的问题不在于它们对地理上分布不广或族群上占少数的群体的关注，而是在于，其各自勉励吸纳的参与者往往就是其研究的对象自身——这不但违背了自由教育的初衷，也加强了它们本应消除的学生的宗教、种族意识。且这些研究项目还动辄就被作为参加者就业保障计划所必需的一部分，此外的兴趣常会遭到劝阻。最后的局面是，黑人研究黑人，同性恋研究同性恋。

学术界的口味一如既往地跟着流行趋势走。这些选修课都是社群主义唯我论的副产品：今天的我们大多具有双重身份——爱尔兰裔美国人、美国原住民、非洲裔美国人，诸如此类。大多数人——尤其是来自欧洲的那些——不再说先人的语言，对"故乡"也所知不多。然而由于上一辈以遭迫害为荣，他们便也自豪地将自己所知甚少的罹难史当成身份徽章戴了起来：你祖辈的苦难造就了你。在这苦难的角逐中，犹太人自然处在领先地位。许多美国犹太人对犹太宗教、文化、传统语言和历史所知的都少得可悲。不过个个都熟知奥斯维辛，那对他们来说就足够了。

这如同洗热水澡般令人惬意的身份归属，于我而言向来遥远。我在英国长大，使用英语思考、写作。伦敦——我的出生地——虽然几十年来屡经变化，仍为我所熟悉。我很了解这个国家，甚至也有些这个国家的人特有的先入为主的好恶。然而当我想到或说起英国人时，会本能地切换到第三人称，而不与他们为伍。

这其中，一部分因为我是犹太人：在我小时候，犹太人曾是基督教英国中最大的一支少数群体，且虽不严重，但不可否认地受到了由于文化不同而导致的偏见。还有一部分，是因为我的父母与犹太社区始终保持着相当的距离。我们不过犹太节日（家里却总有圣诞树和复活节彩蛋），不受拉比的约束，只在周五晚与祖父母吃饭时才暂时回归犹太教。由于受的是英语学校的教育，我对圣公会的礼拜仪式比犹太教的仪式和修行更为熟悉。所以，即便说我是作为一个犹太人长大的，我也是个一点儿也不"犹太"的犹太人。

那我对英国的归属感如此似有若无，难道是因为父亲出生在安特卫普的缘故吗？有可能，但他自己也同样缺乏传统意义上的"身份"意识：他并非比利时公民，他的父母也是从沙皇俄国背井离乡的移民。今天我们可以说，他们分别出生于现在波兰和立陶宛的领土。可这两个年轻的国家，自然谁也不会去关心这对比利时犹太人，更别说接纳他们为公民了。而虽然我母亲（像我一样）出生在伦敦东区，是真真正正的伦敦人，她的父母却分别来自俄国和罗马尼亚。她既不了解这两个国家，也不会说当地的语言。于是，他们像千百犹太移民一样用意第绪语交谈，可到了他们孩子那一代，连这种语言也派不上用场了。

所以，我既不像英国人，也不像犹太人。但我又强烈地感到自己二者皆是——在不同的时候，出于不同的原因。也许基因、血统并没有我们想象的那样具有影响力？那么我经年来自愿亲近的人、事有影响力吗？我算是法国历史学家吗？我无疑熟知法国历史，法语说得也好；但与我在法国的大部分盎格鲁-撒克逊同学不同，我从来没有爱上过巴黎，且始终对它怀有矛盾的态度。常有人指出我的思想甚至写作方式都像个法国知识分子，这在我看来可不是恭维。除了极个别的几个人物外，法国知识分子令我兴味索然：我很高兴自己不属于那个圈子。

那么我有政治身份吗？作为俄国革命背景下成长起来的懂得自学的犹太人的孩子，我很小就对马克思主义文本和社会主义历史略知皮毛，而这已足够让我对60年代兴起的更大的新左派狂潮有了免疫力，并让我稳稳地留在了社会民主主义阵营里。但是今天，我作为一个"公共知识分子"（这个称号本身毫无益处），又总是被与一息尚存的左派联系在一起。

相反，大学里许多同事却又视我为反进步的"史前生物"[1]。这种看法是有道理的：我教授的是已故多年的欧洲人所留下的文本遗产；我对表达不精却美其名曰"个人表达"的做法不加容忍；我不承认无能者的努力；在教学上，我一开始就着重现

---

[1] 左派的特点之一是力求革新，因此，文中这里的"反进步"实际上是说作者也有非左派的一面。

实而非"理论";审视如今这个勉强算是历史研究体系的东西时，我总是带着怀疑的眼光。从贯彻老式教学、研究法这一点上看，我简直保守到冥顽不灵的地步。那么，我究竟属于哪一个身份呢？

是生在英国，修习欧洲史，又去美国教书的人？是多少有些看不惯横行于当代美国的所谓"犹太民族性"的犹太人？作为社会民主主义人士，我又常常无法苟同我那些自诩"激进"的同事。大概我只好援引"无根的都市客"这个耳熟能详且令人不快的名号来称呼自己了吧？可它又太不准确，充满了刻意包容万物的惺惺作态的感觉。我并非无根，而是牢牢扎根于一系列相互矛盾冲突的土壤之中。

不管怎么说，任何形式的标签都会让我不舒服。我们见识过的政治运动和意识形态运动已经够多了，对任何形式的排外性质的团结都该有足够的警惕。不仅应与明显受到非议的"主义"——法西斯主义、极端爱国主义和沙文主义——保持距离，也应警惕更具魅力的主义，诸如民族主义、犹太复国主义。此外，还要警惕所谓的民族自豪感：距塞缪尔·约翰逊首次提出"爱国主义"已有两个世纪，它却仍是恶人恶事最后的挡箭牌，这一点，任何一个过去十年间长居美国的人都可以证明。

我更欣赏边界：不同国家、社区、立场、喜好和根系相互碰撞的不安的一个地方——在那里，所谓"世界主义"不再只是一个标签，而是一种自然的生活状态。过去有很多这样的地方。到了20世纪，许多城市仍都同时居住着多个人群，使用着不同的语言，且群与群之间虽然常相互敌对，偶有冲突，但居然也能共存。这其中有萨拉热窝，有亚历山大港，还有丹吉尔、萨洛尼卡、敖德萨、贝鲁特和伊斯坦布尔——小城市如切尔诺夫策和乌日霍罗德也在其列。与美国各地千篇一律的程度相比，纽约在某些方面尚有一些已然消失的都会的遗韵，这也是我定居此地的原因。

当然，说每个人都总能处在交界、边缘，无疑是过分了。世上只有具备特殊条件的特定人群才有能力做到这一点。大多数人，在大多数时候，当然更不愿意显得突出，因为突出是不安全的。如果大家都是什叶派，便最好也做什叶派。如果丹麦所有人都高大、白皙，谁——倘使有选择余地——又愿意长得又矮又黑呢？而且即便是在一个开放民主的环境里，一个人除非性格反叛，否则也不会存心逆群体主流行事，尤其是当这个群体很小的时候。

但如果生来就在一个人群混杂的城市，又与高等教育学院签了卖身契，能自由选择去留，对我来说，这样一处立身之所是有百利而无一害的。不过，为知英国，须离开英国，于是我离开了。[1] 另一方面，倘若血统对我的人格果真能产生决定意义，那么我在批判以色列——"犹太的领土""我的人民"——以前，理应会踌躇。就像那些身在故土，与以色列有着比我更真实的联系的知识分子那样：他们会本能地自我审查，在自曝家丑前，他们总会三思。

与已故的爱德华·萨义德不同，对那些真正明白爱国究竟意义为何的人，我相信我能理解，甚至能产生同情。我不觉得这种情愫有多费解；我只是没有这样的感受而已。可是随着时间推移，这种对国家、对上帝、对一个理念或对一个人的激烈的、无条件的忠诚，变得越来越恐怖了。文明表象所包裹的，也许只是我们对"人皆有人性"的不切实际的信念。不过，无论是否不切实际，我们都会牢牢抓住它。但也正是这个信念——以及它对人类恶行的约束——在外战与内乱的当口，总是头一个消失无踪。

我觉得我们正在进入一个充满灾难的年代，扰乱我们安定感的将不仅是恐怖分子、银行家或气候恶化。全球化——和平共处于同一个"平"的世界的白日梦——本身将会给向各自领导者需索保护的数以亿计的人民带来恐惧和动荡。从印度的德里到美国

---

[1] 此处原文为"What should they know of England, who only England know."语出鲁德亚德·吉卜林（Joseph Rudyard Kipling, 1865—1936）的诗作《英国国旗》（*The English Flag*），单独出现十分令人费解，但如果熟知该诗，便知这句其实表明了"一个人如果不跳脱一个环境，便无法真正了解那个环境"的意思。

的达拉斯，贫穷而流离失所的人们，敲打着伫立在每一个固若金汤的集团外的那不断升高的围墙，而与此同时，所谓的"身份"控制，将变得越来越严厉无情。

"丹麦人""意大利人""美国人"或"欧洲人"，这些称谓不再仅仅是"身份"，也是对不在此列的人的一种排挤和否定。国界并没有消失，它反而壮大了：优待公民，保护持卡者的居住权，这些做法都将被作为政治手段。民主政权中那些善于煽动民情的政治领袖们一旦不愿容忍，便会要求对新来者进行知识、语言、态度等方面的"检测"，以此考察其是否配做英国、荷兰或法国的"公民"。他们已经在这么做了。在这个美丽新时代，我们将会失去包容心，失去不符合社会标准的人：边缘人。像我这样的人。

# 托尼

我没有见过托尼·阿比盖尔。她出生在1926年2月的安特卫普，一生大部分时间都在那里度过。我们是亲戚：她是我父亲的堂姐妹。我还清楚地记得她的大姐莉丽：父母曾带我到伦敦西北部的一个小房子里，拜访过这个忧伤的高个子女人。遗憾的是，我们已经很久不联系了。

每当我自问或被问及身为犹太人意味着什么时，我就想起阿比盖尔三姐妹来（当中还有个叫贝拉的二姐）。这个问题没有普世的答案：它永远只关乎我自己的认识，而我的认识与我犹太同胞的认识又很不一样。若非犹太人，恐怕会觉得奇怪。不信《圣经》的新教徒，忤逆罗马教皇的天主教徒，不以穆罕默德为先知的穆斯林，这些都是不可想象的，但是一个不服拉比权威的犹太人却仍然是犹太人（即令按照拉比对母系相传的定义来说[1]）：谁能说他不是？

我不承认任何一个拉比的权威（这样一来，我便成了自己的拉比）。我不参与任何犹太团体活动，不行任何犹太教仪式。我从不刻意只与犹太人交往——最要紧的是，我没有与她们通婚。我并不是个"迷途"的犹太人，因为从一开始，我就没有遵循过任何规则。我不"爱以色列"（不管是现代意义上，还是原始意义上那样，把它当作犹太民族去爱），也无所谓以色列爱不爱我。但只要被问及是否是犹太人，我总毫不犹豫地肯定，不然反而会觉得可耻。

我来到纽约后，对这种看似自我矛盾的心理有了更通透的了解：此处的犹太人更奇怪。我认识的大部分美国犹太人对犹太文化、历史都不是特别了解；对自己懂不懂意第绪语或希伯来语根本无所谓，且很少参加宗教典礼；即便参加，他们的举止在我看来也实在太奇特了。

我刚到纽约不久，被邀去参加一个犹太男孩的成人礼。去犹太教堂的路上，我想起自己没戴小圆帽，便折返去取。结果整个简短、潦草的所谓"宗教典礼"上，几乎没有人戴小圆帽。当然，

---

[1] 犹太民族遵循母系传承规则，母亲属于犹太民族，出生的孩子便也属于犹太民族。

这个集会是经过了"改革"的集会，我早该有所预见：革新派犹太教徒（在英国，我们称之为"自由派"）参加集会时，自说自话不戴小圆帽已经长达半个世纪之久了。无论怎么说，表面光鲜的宗教仪式表演和对既定传统的背弃，这之间的反差，无论在当时还是在现在，都让我深深觉得，美国社会的犹太性是在用表面补充内在的不足。

几年前，我在曼哈顿参加一个面向艺术界、新闻界名流的慈善颁奖盛典。典礼过半，一个坐在对面的中年男子探过半个身子，怒目道："你是托尼·朱特吗？你真的不能再就以色列写那些可怕的东西了！"我对这种质问有备而来，立即问他我所写的东西究竟哪里可怕。"不知道。你可能没写错——我是从来没去过以色列。但我们犹太人应该团结，有一天我们也许还需要以色列呢。"他觉得反犹太人的种族清洗早晚会回来的：纽约到那时也许就住不得了。

我对他说，犹太人唯恐重返"波兰1942"，将中东视为民族保险箱，这种做法我觉得很奇怪。更奇怪的是这种做法所处的现实环境：当晚大多获奖者都是犹太人。犹太人在美国比在任何别的地方、任何别的历史时期都更成功、更齐心也更具有影响力。但为什么身处美国的当代犹太人仍然无法摆脱对于灭族的深刻记忆，甚至预期它必将来临呢？

倘使不是希特勒，犹太教恐怕早就消亡了。19世纪下半叶，随着欧洲各国逐步取消对犹太人的隔离，犹太宗教、犹太社群主义以及犹太教固有的仪式都纷纷受到侵蚀：长达几个世纪对外界的一无所知以及内外合力导致的孤立很快即将告终。同化的进程通过迁徙、通婚和文化渗透，已稳步展开。

现在回想起来，这一过程的过渡期或许会让某些人不知何去何从。在德国，许多犹太人认为自己是德国人，却正因此而遭到仇恨。在中欧，尤其在布拉格、布达佩斯和维也纳形成的城市三角洲地带，虽然不具代表性，但是一群摆脱宗教桎梏的犹太知识分子——影响各精深专业领域——曾为后社群主义时代的犹太生活建立了一套独特的基本体系。然而，卡夫卡、克劳斯和茨威格的世界是脆弱的：它必须仰赖人文帝国这一特殊的环境，而这个帝国没有凝聚力，无法抵御种族民族主义的狂潮。对那些寻找文化根基的人，它所能提供的不过是对往昔的悔意与怀念。那些年，犹太人的主要出路依然是被同化。

这在我自己家便能看到。我的祖父母脱离犹太小镇，进入不友好的陌生环境——出于自我保护，这番经历自然暂时地令他们越发意识到自己是犹太人。但同样的环境在他们的孩子那里变成了寻常生活。我父亲那辈犹太人不再重视意第绪语，一再辜负移民父母的希望，而且对社群主义的仪式和约束持完全鄙夷、拒绝的态度。照这样下去，最晚至20世纪30年代，留给他们孩子——也就是我这一代人——的应该就只剩对"古老祖国"的零星记忆了：

就像意大利裔美国人想念意大利面，爱尔兰裔美国人感怀圣帕特里克节一样，我们的零星记忆在意味上应该也不会有什么不同。

结果，情况却不是如此。被解放了的新一代犹太人中，许多人很愿意充分融入一个后社群主义时代的世界，却被迫要将"犹太"作为一种籍贯身份来接受，连拒绝的余地也没有。而宗教本身——一度是犹太人最根本的特点，却被彻底推向次要位置。由于希特勒的作为，犹太复国主义（迄今不过是教派内的少数派主张）竟变成了可行的现实选择。由于外界的"功劳"，"犹太"二字有了非宗教的属性。

从那以后，当代美国的犹太身份神奇地呈现出亡灵附体者的状态：依靠一段双重的、濒死的经历而活着。结果，便是有了连犹太人自己都觉得过头的对往昔伤痛的敏感。我就以色列的未来发表了一篇文章后不久，应《犹太纪事报》(*The Jewish Chronicle*)——伦敦的犹太官报——之约赴伦敦接受采访。我满怀警惕地去了，准备好了就没能完美融入"被选中的人"而接受更多中伤。令我惊讶的是，编辑却把话筒关了。"开始之前，"她道，"我想问你件事。你跟那帮乱七八糟的美国犹太人生活在一起，怎么受得了？"

然而，也许正是那帮"乱七八糟"的美国犹太人不知不觉间看清了真相？既然信仰的力量正在消退，迫害已近杜绝，犹太社群又已分崩离析，强调"犹太"二字究竟还有什么意义？是为了那个"犹太人的"国家吗？然而我们有谁愿去那里生活？且他们狭隘的知识分子阶层，难道不正是世上最不能容忍犹太人的吗？或者，难道是为了一个我们除了在自证身份时用一用，其余时候简直羞于提起的"种族"身份证明？

曾经，犹太性是一种彻底的、真实的属性。而在今天的美国，我们已不再为宗教信仰所定义：犹太人中只有46%加入教会，每月至少参加一次集体祷告的只有27%，教会成员中最多只有21%的人（也就是总数的10%）属于犹太教正统派。简而言之，"传统信徒"只占总体的少数。[1] 现代犹太人之所以为犹太人，依靠的是存有的往昔记忆。做一个犹太人，很大程度上是去铭记这身份意味着什么。犹太教拉比的训诫中，真正最持久也最独特的一句是：*Zakhor*！——记住！然而多数犹太人虽然听话，却不知这句话具体对他们作何要求。我们便只是一个记住了……某种东西的民族。

那么，究竟我们应该记住什么？是祖母在家乡皮尔维斯托克做的拉克兹吗？我很怀疑：褪去花哨的摆饰和象征性，它们不过是些苹果饼。那么是儿时听过的关于"可怕的哥萨克人"的故事吗（我对此倒记忆犹新）？可连哥萨克人都没见过的新一代犹太

---

[1] 参见《全国犹太人调查》（"National Jewish Population Survey"），2001–01，第7页；或 http://www.jewishfederations.org/getfile.asp?id=3905。——原注

人，还能对它有什么共鸣呢？集体的根基不能仅凭记忆来担当。古训在当代如不重申，其权威力量势必要消亡。

从这一点来说，美国犹太人本能地揪住犹太人大屠杀不放，倒是做对了：这样便给犹太人提供了身份的参照，朝拜的地点，祭奠的事例以及道德的引导——且帮助他们贴近历史。然而反过来说，他们也犯下了大错：将祭奠的手段和目的混同了起来。难道我们之所以是犹太人，只因为希特勒曾煞费苦心铲除过我们的祖辈？如果我们不能超越这个认识，我们的子孙后代又有什么理由要与我们同根？

在今天的以色列，犹太人大屠杀已经成了官方昭示非犹太种族之残酷至极的御用事件。各种对该事件的祭奠，给游离于以色列之外的犹太人造成了两方面的影响：一是给对以色列的无条件热爱正名；再是强化了辛酸的自我认识。在我看来，这是对记忆的恶意滥用。倘若通过犹太人大屠杀能让我们更深刻地理解"犹太"一词所代表的那些传统的真实意义，岂不更好？

记住过去是一种广泛的社会义务，这并不仅限于犹太人。我们很容易意识到自己对同代人的义务，那么我们对先人的义务呢？我们大谈自己该为将来做些什么，那么对于过去的亏欠呢？除了现实到粗糙的方法——办展馆、造大厦，我们只能通过铭记，并视之为己任，才能将其还清。

与我的那位同桌人不同，我不认为希特勒会卷土重来。我拒绝将他的罪行作为切断交流的借口，不希望犹太民族重拾不怀疑、不自省的防范态度，并重又退到自怜的境地。我选择不拘于传统的方式来看待犹太人的过去：打开交流的渠道，而非切断它们。犹太人的民族性对我而言是对自己的审慎自省，是只说真话的勇气；是犹太人曾经为人所熟知的达夫卡[1]式的耿直与特立独行。然而，仅仅不与其他民族同流是不够的；我们还应对自己进行比他人更严厉的批判。我感到自己对这样的过去负有未尽的责任。也正因此，我才是一个犹太人。

托尼·阿比盖尔于1942年被转移至奥斯维辛，因其犹太人的身份，死在了毒气室里。我的名字是按照她取的。

---

[1] 达夫卡（Dafka）：一种知难而上、几近自找麻烦的品格。——原注

尾声

# 魔山

照理说，人们不该爱瑞士。说自己喜欢瑞士人或他们的国家，就好像承认自己怀念吸烟的感觉或《脱线家族》(*The Brady Bunch*)一样，马上就会让人把你跟一个对过去三十年的世事一无所知且保守僵化至极的人联系在一起。这个弱点我一旦说漏了嘴，年轻人就会礼貌地打哈欠，自由派史学同人们则露出狐疑的表情（"难道你不了解世界大战？"），我家里人更是肆无忌惮地笑道：哎，又来了！我不管。我继续爱瑞士。

问题在哪儿呢？首先，瑞士意味着山脉。但如果你想去的是阿尔卑斯山脉，法国境内的更高，意大利那儿能吃得更好，奥地利的滑雪更便宜。德国的那部分阿尔卑斯山脉再不济，起码德国人更友好。瑞士呢？纵有"手足情，五百年的民主与和平，结果他们搞出了些什么？布谷鸟报时钟"。

还没完。瑞士得了"二战"很大的好处——与柏林交易，清洗非法资产。正是瑞士人向希特勒提议在犹太人的护照上打上"J"的记号；而且，因为极端爱国主义故态复萌，不久前刚刚投票禁止了在境内修建清真寺宣礼塔（虽然这个国家境内只有四座宣礼塔，且大部分居民都是来自波斯尼亚不信教的难民）。除此，还有避税天堂的恶名，虽然我实在看不出瑞士为几个境外富翁罪犯提供的服务，比起高盛集团花数百万美国诚实纳税人的钱自保的行为，究竟更糟糕在哪里。

那么我为什么喜欢瑞士？首先，这个国家的不理想有它不理想的好处。呆板？没错。然而呆板也可以意味着安全、整洁。几年前，我与当时九岁大的小儿子坐飞机去日内瓦。到达后，我们下到火车站——被无趣的瑞士人直接建在了机场地下，在一个咖啡厅坐下来等火车。"真干净呀！"小儿子注意到。真是这样：一切都整洁如新得晃眼。如果你是从新加坡或列支敦士登来的，可能觉得这没什么稀奇，但对一个见惯了纽约肯尼迪国际机场，唯一的欧洲机场体验，只是去过一次伦敦希思罗机场境况糟糕的大卖场的孩子来说，就不是这样了。

瑞士人很讲究清洁。有一次，在行驶于因特拉肯市外的火车上，我因将左脚外缘在对面的座椅一角稍微搁了一会儿，便遭到了一位老年妇女的指责。如果是在无人会察觉或者在意这种现象的英国，我或许会为这种肆无忌惮的干涉而吃惊。但在瑞士，仅仅因为违反了这样一条显而易见的公民基本规范，我就感到了羞愧——我对公共财物也需承担一定责任。被自己的同胞公开纠正自然很气人，但以长远的目光来看，人们的见惯不怪才危害更甚。

瑞士是一个国家能包含千差万别可能性的惊人实例，也因此它大受裨益。这里我并非指它通行的多种语言（德语、法语、意大利语、罗曼什语）和它惊人——且常为人所忽视——的丰富地貌。我指的是它的反差性。德国一切只讲效率，生活缺乏别的可能性，灵魂得不到滋养。意大利是无休止的乐趣，没有松弛。但瑞士却充满了反差：高效而保守；明丽却平淡；善于待客但无甚魅力——至少对那些给它的财富提供了极大支撑的外国人来说。

最重要的一个反差，发生在它浮光掠影般光鲜的表面和其下深厚的底蕴之间。几年前的一个夏天，我去采尔马特的滑雪胜地小马特宏峰旅行。山坡上阳光斑驳，点缀着几条属于一家豪华得近乎荒诞的饭店的长凳，穿着夸张比基尼、脚蹬毛皮靴的搔首弄姿的意大利女子，倚挂在坐直升机来山巅玩最新潮器械的粗鲁不堪的俄罗斯大亨身上,堪称"黛比上达沃斯"[1]:瑞士最丑陋的一面。

然而接着,仿佛从天而降一般,突然从拐角出现了三个小老头:他们裹在层层叠叠的羊毛和皮革里,红彤彤的寻常面孔上方,罩着寻常人戴的帽子。他们手中紧紧攥着粗重的登山杖,跌坐到长条板凳上,各自解开饱经风霜的皮靴鞋带。被寒风吹得瑟缩起来的登山者们,一面对眼前"甜蜜的生活"表现出贵族般的无视,一面用我听不懂的瑞士德语为完成了想必激烈的攀登而相互道贺,并大汗淋漓地从穿着白色紧身上衣、热情洋溢的女招待那里要了三瓶啤酒:这是瑞士好的一面。

20世纪50年代里,父母带我去过几次瑞士。当时他们刚好小富了一阵,而且去瑞士尚且不算太贵。我记得,留给童年的我印象最深的是,那里不管什么都秩序井然。我们常取道法国去瑞士,法国在当时还是个困顿潦倒的国家,乡间房屋仍满是弹药留下的疮疤,墙上的杜本内葡萄酒广告也破的破、皱的皱。菜是很好吃(这连一个伦敦小学生也能吃出来),但餐馆和旅店里却总弥漫着一种潮湿、颓唐的气氛,阴魂不散,便宜却叫人消沉。

接着就跨过了国境线,不是从山间就是从山巅,且天气无一

---

[1] 典出色情电影《黛比上达拉斯》(*Debbie Does Dallas*)。电影讲的是一个啦啦队队长筹钱去达拉斯参加试镜的故事。"黛比上达沃斯"(*Debbie Does Davos*),此处将那些意大利女人比作黛比,说她们在瑞士滑雪胜地逢场作戏、依傍富人。达沃斯为瑞士东部的一个城镇。

例外是狂风呼啸、冰封雪覆，来到一座……这样的城市：鲜花装点着屋舍，街道完美无瑕，商店皆生意兴隆，人民都聪敏、饱足。刚刚结束的那场战争似乎没有动瑞士一根指头。我的童年是黑白的，而瑞士却充满了斑斓的色彩：红与白、褐与绿、黄与金。还有那些旅店！一提起小时候在瑞士看见的旅店，我就想起新鲜松木，仿佛它们就是在四周的森林里自由生长起来的一样。到处是暖乎乎的实木：又厚又重的木门，铺着地毯的木楼梯，坚固的木床和吱吱报时的木头钟。

餐厅里有着巨大的观景窗，到处是花束和浆得笔挺的亚麻白桌布。而且，虽然这不可能是真实的，然而我回想时，总觉得那时候身边一个人也没有。我当时自然没听过克拉芙迪娅·舒夏特[1]这名字，但在以后的年月里，我会想象她静悄悄地快步走入其中一间餐厅，用乌黑的明眸扫视餐桌，而我——就像卡斯托普一样——将无言地恳请她坐到我的桌旁来。在现实中，和我一道用餐的都是些面无表情且上了一定年纪的夫妇：瑞士就是这样，它让你做梦，但也仅限于做梦而已。

记忆总爱捉弄人。我知道我们度假时几乎都只去瑞士德语区

---

[1] 克拉芙迪娅·舒夏特是托马斯·曼的长篇小说《魔山》中，主人公卡斯托普在疗养院里爱上的女子。

的伯尔尼高地,却总会将瑞士与自己最初笨嘴拙舌地努力说法语的经历联系起来:选巧克力时,问路时,学习滑雪时,还有买票的时候。瑞士于我,一直都与火车有关:卢塞恩市外有一个小小的交通博物馆,将火车独有的魅力尽收其中。在那里,人们可以看到世界上第一列电气列车,第一条也是技术成就最高的火车隧道,以及欧洲海拔最高的铁道线路——位于令人惊叹的少女峰,穿越艾格峰腹地后攀至海拔 11225 英尺高的终点站。

有意思的是,瑞士人似乎从来不被英国铁路局所谓的"问题落叶"——或者"问题雪"[1]——所困扰。正如那些山区小老头若无其事地登上令人望而生畏的小马特宏峰一样,由他们曾祖辈制造的火车,几十年来一直不费吹灰之力地往来于布里格与采尔马特,库尔与莫里茨,贝城与维拉尔。

在瑞士隘口安德马特,莱茵河和罗纳河从大山深处的冰天雪地中涌出的地方,米兰与苏黎世之间的喀尔巴阡山路深深往下通入哥达山间,道路几百英尺之上,冰川快车在齿形轨道上急转好几个令人晕眩的险弯,攀向欧洲的屋脊。驱车行进在这些道路上就已经很艰难了,骑行或步行就更不堪设想。究竟是谁,又是怎

---

[1] 1991 年,英国铁路局称自己的列车由于某种特别的雪而无法正常运作。翌日,报刊便打出"英国铁路局声称雪有问题"的戏谑标题。后来这句话便被引为笑谈,用来嘲讽官方给出的拙劣借口。这句话的变体有很多,也有说"落叶有问题"的版本,于是会有"问题落叶""问题雪"之说。

样造出了这样的路呢？

　　我最愉快的回忆属于米伦。第一次去的时候，我八岁，当时，米伦是位于雪朗峰半山的世外桃源，只有乘坐火车或缆车可以到达。路程长得要命——至少要换三次火车，且抵达后几乎无事可做。那里食物并不特别美味，也没有什么东西可买——这还是往好里说。

　　但别人告诉我，那儿很适合滑雪；散步环境好就更无须赘言。那里的景色——俯瞰一片峡谷，远眺少女峰——壮丽极了。一整天里，只有一辆进站、发车都踩着钟点的单节列车绕着山坡往缆车站开去的图景，可以算作娱乐。而它从小站出发的呜呜声，它与轨道相碰撞时令人舒心的哐哧哐哧声，就算是村庄里唯一的噪音污染了。当最后一班火车开过后，高原又恢复了宁静。

　　2002年，在一场癌症手术和长达一个月的重度化疗之后，我携家人一起回到了米伦。在我看来，分别六岁和八岁的两个儿子在此处的经历，与我小时候的完全一致，尽管我们这次住的高级酒店环境要好得多。他们喝热巧克力，在满是山花与迷你瀑布的开阔地面艰难攀爬，沉醉地眺望梦幻般的艾格峰，并在小车站里尽情玩耍。倘若我的记忆不出大错，米伦便的确与过去毫无二致，依旧无事可做。堪称天堂。

　　我从没有将自己视作一个在哪里扎下过根的人。我们凭机缘在一处而不在别处降生，又从一个地方渡到另一个地方，如此漂泊一生——至少我的情况是如此。大多数地方都混合了各种回忆：无论是剑桥、巴黎，还是牛津、纽约，都会在我心里唤起万花筒般缤纷糅杂的际遇与经历。我如何回忆它们，取决于我当时的心情。但米伦从来没变过。关于米伦的一切记忆，都是准确无误的。

有一条勉强称得上是路的小道，紧挨着米伦小铁路。半路上——在线路唯一停靠的地方，有一家小咖啡馆贩售着一些瑞士寻常路边小店的货色。店前，山体陡峭地直插入下游的裂谷。店后，如果向上爬去，则可抵达几个夏日粮仓，有牧民在放牛和羊。或者，你也可以坐等下一班列车：准时准点，循规蹈矩，精确到秒。什么事也不会发生，这里是世上最快乐的地方。我们无法选择人生在何处启程，却可以选择于何处结尾。我知道我的选择：我要乘坐那辆小火车，无所谓终点，就这样一直坐下去。

# 译后记

由于从小对历史缺乏学习兴趣，故对历史全然无知，我是在战战兢兢的情绪中接下这本书的。为了不出现翻译事故，工作过程中查阅了大量资料，林林总总竟学到许多知识，如具体的英国教育制度，如《爱丽丝镜中奇遇记》一书的存在，又如法国知识分子与巴黎高等师范学院间的渊源。虽毫无系统性可言，但这是专职翻译至今最有收获的一次。这要多谢本书作者的渊博，迫使我不得不多做研究。

托尼·朱特去世后，《时代周刊》评价他是"一流的历史学家、最老派的公共知识分子，且在许多方面表现出了非凡的勇气"。提出"非凡勇气"，无疑与朱特罹患"渐冻人症"有关。朱特在日常生活中是否狂暴、沮丧，我们不得而知，这本回忆录恐怕是我们了解朱特对病情真实想法的唯一途径。然而本书只在开篇详述了病情，佐以一小节适可而止的叹息，又在尾声的文末许下永不能实现的愿望，除此再无病态。却正是这种内敛，令我在读完最后一个篇章《魔山》后，竟几乎潸然泪下，一方面为作者身陷不幸却不得不选择坚强而感到悲伤，另一方面也感到了生命无常的残酷。

最后，我要特别感谢三人。一是杰瑞特·威廉·盛克（Jaret William Shank），在翻译过程中，他与我共同推敲过一些极生涩的英文表达（作为美国人，他向我抱怨英国人托尼·朱特的措辞里"有一种气人的知识分子的孤高"）。另两位是本书的初版编辑杨菊蓉以及友人李逸，在审稿、校稿的过程中，他们帮助我纠正了几处可怕的错误。

翻译过程中，我曾去过清迈。在一次骑象之旅中，我遇到两个趁假期出游的英国在读大学生，问及"绿线巴士"，他们竟说不知道。令人纳闷。

希望大家阅读愉快，身体健康。

图书在版编目（CIP）数据

记忆小屋／（英）托尼·朱特著；何静芝译. —— 北京：商务印书馆，2023
（托尼·朱特作品系列）
ISBN 978—7—100—22917—3

Ⅰ. ①记… Ⅱ. ①托… ②何… Ⅲ. ①朱特（1948—2010）—回忆录 Ⅳ. ①K835.615.8
中国国家版本馆 CIP 数据核字（2023）第 164732 号

权利保留，侵权必究。

## 记忆小屋

〔英〕托尼·朱特　著
何静芝　译

商 务 印 书 馆 出 版
（北京王府井大街 36 号 邮政编码 100710）
商 务 印 书 馆 发 行
山东临沂新华印刷物流集团
有 限 责 任 公 司 印 制
ISBN 978—7—100—22917—3

| | |
|---|---|
| 2024 年 2 月第 1 版 | 开本 880×1240　1/32 |
| 2024 年 2 月第 1 次印刷 | 印张 7.375 |

定价：48.00 元